Crônicas
de uma
Internet de Verão

Mario Persona

Primeira Edição – 2001
Segunda Edição – 2009
©2001-2009 por Mario Persona
contato@mariopersona.com.br
www.mariopersona.com.br

Capa: Stephan Dirck Klaes
Foto capa © iStockPhoto:
    Juliya Shumskaya www.istockphoto.com/user_view.php?id=2130256

Este livro pode ser encontrado nos seguintes endereços:
http://www.lulu.com (on demand & ebook)
http://www.amazon.com (on demand)
http://www.clubedeautores.com.br (on demand)
http://www.scribd.com (ebook)

ÍNDICE

Após terminar um curso de E-business na ESPM resolvi reler o livro "Crônicas de uma Internet de verão", de autoria do meu amigo Mario Persona. Extremamente bem-humorado, fácil e rápido de ler, o livro retrata, através de pequenas crônicas, os primeiros anos da Internet, analisando os seus erros e acertos, além de abordar temas como marketing, e-business, entre outros.

Em 2001, quando li o livro pela primeira vez, o horizonte se abriu para algumas ideias que eu tinha, e me serviu com muitos argumentos para convencer meus novos clientes da importância da Internet e por que eles deveriam fazer parte dela, seja com um pequeno e-commerce, seja apenas com um site institucional.

Hoje, apesar de toda a modernidade, dos avanços que a Internet teve, os mesmos problemas de 2001 continuam acontecendo. Algumas velhas empresas e alguns velhos empresários se acomodaram no tempo. Não acreditam no potencial da Internet para alavancar seus negócios. Enfim, as máquinas evoluem, alguns seres humanos não.

Gustavo Erlichman

Por que uma nova edição?

Este meu primeiro livro, originalmente publicado em 2001, é uma coletânea de crônicas escritas entre 1998 e 2001 retratando o entusiasmo e as decepções dos primeiros anos da popularização da Internet no Brasil e no mundo. O livro já estava esgotado há um bom tempo, por isso decidi publicar esta edição em formato ebook grátis e também impresso sob demanda ao preço do custo de impressão.

Não me preocupei em atualizar esta segunda edição, pois a considero histórica. Portanto você provavelmente encontrará sites e empresas que já não existem, ou dados e informações que talvez tenham perdido sua validade há muito tempo. Até mesmo algumas opiniões minhas sobre esse mundo dinâmico da Internet podem ter mudado

Este livro lhe dará a oportunidade de sentir um gostinho do que foi aquele período e entender melhor como chegamos ao mundo conectado de hoje, principalmente se você é de uma geração que nunca usou o navegador Netscape e nem fez suas buscas no Altavista.

Mario Persona

PREFÁCIO

MARIO PERSONA PEDIU-ME para prefaciar este seu primeiro livro "Crônicas de uma Internet de Verão". Aceitei a honraria de pronto porque conheço o autor e sei que de gente boa só pode vir coisa boa. Li o livro e gostei. Por isso o recomendo e avalizo. É gostoso, inteligente, espirituoso e muito útil para toda e qualquer pessoa que queira entender em quê e como a Internet está influenciando e contribuindo para o desenvolvimento dos negócios, das profissões, das carreiras, das relações interpessoais e da nossa vida cotidiana em geral.

A principal contribuição desta publicação é explicar e tornar compreensível os conceitos e aplicações da Internet nas mais diferentes situações e atividades de vida. É um livro para quem quer ou precisa entender e utilizar de forma inteligente e positiva a Internet no seu dia-a-dia, no seu trabalho, na sua profissão.

O tempo todo Mario lembra que a tecnologia é um meio e que o fim, a finalidade, o beneficiário é o homem, a pessoa, o destinatário de qualquer produto ou serviço que seja produzido por um profissional ou uma organização. Este discurso reflete sua arraigada preocupação humanista consequente da formação familiar, universitária e pelos valores da educação interiorana do autor que está visivelmente presente não só no seu coração e na sua inteligência como também no nome: Persona.

O livro é um conjunto de crônicas escritas ao longo de três anos de atividades como responsável pela comunicação institucional de uma importante consultoria de soluções tecnológicas no ramo da Informática. Seu estilo é próprio e marcante. Com objetividade, simplicidade, humor e espirituosidade extrai do cotidiano, da observação e da convivência com gente como a gente as histórias com as quais ilustra as suas verdadeiras lições.

Sem ter a estrutura e o estilo didático, o livro ensina o tempo todo o que é a Internet, a sociedade da informação, o negócio eletrônico, a rede de relacionamentos, o networking, os sistemas de informação, o atendimento, a solução de problemas etc. Mostra os desafios e as enormes oportunidades para grandes e pequenos, para empresas, para pessoas, para clientes, compradores, consumidores e cidadãos em geral.

Você pode ler este livro do jeito que quiser: de cabo a rabo num fôlego só, por partes um pouco por dia, do meio para o final, do final para o começo, saltando aleatoriamente de uma crônica para outra. Tudo está interligado e articulado como numa grande rede. Você pode entrar e "navegar" nessa rede a partir de qualquer ponto e, de nó em nó, irá juntando à sua bagagem pessoal e profissional conhecimentos úteis que lhe darão segurança para continuar sua trajetória neste período turbulento de mudanças, surpresas e desafios. A tônica da mensagem de todas as crônicas é positiva, estimulante, reforçadora. Sempre indica um caminho, uma possibilidade.

Se você quer ficar por dentro desta revolução de conceitos e práticas incorpore a Internet não só como um instrumento de trabalho e sim como um novo componente do seu sistema de pensar, sentir e agir. Faça um upgrade de software no seu sistema operacional e em seus aplicativos para alinhar o seu jeito de trabalhar às novas demandas de resultados, qualidade, velocidade, prontidão dos clientes.

Após a leitura deste livro você poderá perceber o quanto e o que necessita aprender e desenvolver-se neste assunto. A propósito, em se tratando de mudança desta natureza e profundidade, quero lembrar que para a gente se desenvolver é preciso "des-envolver-se" com os conceitos ultrapassados e insuficientes com os quais fomos criados e preparados para o mundo do trabalho. Deixando de se envolver com a parte do passado que está superada sobrará tempo para preparar-se para as novas demandas do presente e do futuro imediato.

E como não dá para parar, nem descer, é preciso transformar-se, isto é, formar-se em trânsito. Rodando, voando. Este livro é uma excelente leitura de bordo, um abrangente guia de ação. Tenha-o sempre à mão para não esquecer de suas novidades e, principalmente, de suas obviedades.

Parabéns a você leitor pelo investimento inteligente e prudente que está fazendo em sua empregabilidade ao comprar e utilizar os conceitos deste livro. Parabéns ao amigo Mario Persona pela obra produzida. Meus agradecimentos pelas lições que você nos dá como um mestre que, utilizando histórias, estórias, causos e metáforas, ensina mais e melhor do que o mais sofisticado e completo sistema eletrônico de ensino à distancia. Mais uma vez obrigado pelo convite. Deu gosto ler e prefaciar o seu livro.

Felicidade e sucesso para você Mario e, também, para você caro leitor.

Boa leitura.

José Augusto Minarelli
Diretor Presidente da Lens & Minarelli
Consultoria de Outplacement
e Aconselhamento de Carreira

APRESENTAÇÃO

SOU UM CONTADOR DE HISTÓRIAS, e são "causos", histórias e analogias que povoam as páginas deste livro. Artigos e crônicas que foram escritos em um período de quase três anos, retratando os momentos que causaram maior perplexidade numa sociedade recém conectada. Foram publicados originalmente em uma centena de sites, jornais e revistas.

Em seu formato original, meus escritos tinham basicamente dois objetivos. O primeiro era o de ajudar aqueles que tinham sido atingidos em cheio pelo fenômeno Internet, e não tiveram tempo de anotar a placa. Se alguns temas retratavam uma fase peculiar da história da Internet, os princípios de marketing e negócios apresentados continuam sempre atuais. Tudo numa linguagem leve, com frases breves e ideias soltas.

Mas não se iluda com a aparente superficialidade dos temas. Há muitas surpresas ocultas nas entrelinhas. Como exagerou uma leitora, ao dizer que gostava *"dessas surpresas que nos estimulam e nos fazem pensar... enfeitando a comunicação e as associações do mesmo modo como um arco-íris enfeita um dia chuvoso"*.

Meu segundo objetivo na época foi o de abrir um canal de comunicação e criar uma estratégia de marketing alternativo para a empresa onde atuava como diretor de comunicação. Tratava-se de inovar, usando o popular e digestivo estilo da crônica para expor o capital intelectual da empresa. Esta estratégia, que por si só merece uma abordagem em um próximo livro, transformou-se em um caso de sucesso na disseminação da informação via Internet, criando um institucional que visava imprimir uma marca na mente das pessoas.

Neste contexto de novas tecnologias e formas de negócios, meu papel acabou sendo o de um tradutor. Traduzir é hoje uma habilidade valiosa em qualquer empresa. Tanto para traduzir para o cliente o que a empresa faz, como para entender o que o cliente diz. O famoso SAC, que vemos nas embalagens, deveria ser mais do que *"Serviço de Atendimento ao Consumidor"*. Deveria ser a abreviatura de *"SACar o que deseja o consumidor"*. Porque é preciso conhecer os clientes, colocar-se no lugar deles, prever seus pensamentos. Para evitar sua repulsa, como aconteceu com os compradores de uma marca de termômetro retal cujo slogan era *"Testados um a um"*. Ou a rejeição dos compradores do *"Chevy Nova"* nos países de língua espanhola. *"No-va"*, em espanhol, podia ser interpretado como um carro que não sai do lugar.

É importante identificar as diferenças nos clientes. Cada ser humano é diferente. Se os homens fossem todos iguais, as mulheres não escolhiam tanto. Entender o cliente é essencial. Para não errar como errou uma empresa americana ao vender seus alimentos para bebês na África. Como em outros lugares, os vidrinhos foram rotulados com a foto de um bebê gorducho. Uma barbaridade, em uma época e lugar onde, graças ao elevado índice de analfabetismo, era praxe estampar na embalagem apenas a foto do conteúdo.

O problema com a comunicação é que um produto pode se tornar tão óbvio para o fabricante, que este acaba achando que o cliente saberá decifrá-lo. Mas o óbvio nem sempre é garantia de sucesso. Se fosse, alguém já teria lançado a comida para gatos com sabor de rato. E o lápis número 2 não seria o mais vendido. Todos iriam querer o número um.

A empresa onde atuava enfrentou problemas de comunicação, por debutar cedo demais no baile dos serviços de Internet. Trabalhava numa área ainda desconhecida pela maioria das pessoas. Ainda não se podia contar com a popularização do *e-business*, daí a grande necessidade que tínhamos de traduzir todos os conceitos para o mundo lá fora. O que explica em parte a profusão de analogias encontradas em minhas crônicas. Se isto não for feito, a comunicação na área de produtos e serviços de Internet pode se transformar em um verdadeiro "Nó Górdio", cujo oráculo garantia a posse da Ásia para quem conseguisse desatá-lo. Alexandre, o Grande, desfez o nó com um único golpe de espada.

É o que o tradutor deve fazer. Chegar de forma rápida e eficiente aos resultados, ainda que use métodos insólitos. Porque o importante não é desatar e explicar tudo o que a empresa ou o produto é, mas apenas aquilo que o cliente espera que seja. Saber demais pode atrapalhar, e transformar a comunicação em receita com letra de médico. Para quem não é farmacêutico ler.

No princípio da Internet, os clientes não conseguiam entender o que a empresa fazia. As apresentações que os analistas de sistemas faziam para gerentes e diretores de empresas eram verdadeiras aulas de sânscrito para não iniciados. Isto até a comunicação da empresa passar por uma transformação radical. Foi o presidente da empresa quem definiu o rumo a ser tomado, se expressando mais ou menos assim:

– *Precisamos de alguém para dar palestras e escrever textos em linguagem acessível; que não seja da área de sistemas, nem conheça programação".*

Todos naquela reunião captaram a mensagem. A tradução para o que dizia era: *"Precisamos de uma verdadeira anta em tecnologia, alguém ignorante de pai e mãe em informática, zero à esquerda em Internet".*

Após um breve silêncio, todos na sala olharam para mim. A partir daquele dia me tornei o palestrante, articulista e cronista oficial da empresa.

O Autor

INTRODUÇÃO

EM MINHAS PRIMEIRAS PALESTRAS sobre Internet, costumava projetar a imagem de uma lagoa de águas plácidas, com lírios d'água decorando a superfície. Fazia um paralelo entre as plantas aquáticas, se expandindo pela lagoa, e as empresas que logo estariam tomando conta da Internet. O momento exigia urgência.

Eu nem imaginava que o futuro seria ligeiramente diferente. Muitas empresas realmente tomaram de assalto a lagoa *internetiana*. Mas não passaram de lírios d'água. Belos, porém frágeis. Apenas flutuaram no mundo dos negócios, ao sabor do vento da moda. Sem qualquer raiz fincada no solo da realidade.

O email de um australiano trouxe até mim uma figura mais adequada para a atual empresa de Internet. Nada da beleza fugaz dos efêmeros e coloridos portais, que desejaram ser tudo para todos e dominar a lagoa. Ele descrevia os novos habitantes da Internet como algo menos belo e mais eficiente. O crocodilo, abundante em seu país.

Vestindo um modelito fora de moda, emprestado do guarda-roupa do mais extinto dos dinossauros, o crocodilo é eficiente para sobreviver. Seu único adorno é o colar de pérolas bucais, que ri por último e melhor para sua vítima. Enquanto mantém o tosco corpanzil de meia tonelada funcionando sob a água.

Seus olhos atentos, qual periscópio estéreo, observam cada movimento do mercado, ponderando qual tecnologia usar para sua campanha certeira. Enquanto ele engorda, murcham as empresas cuja liquidez era só aquela que inflava uma porosa estrutura. Vivemos a hora do crocodilo, das empresas produtivas e bem estabelecidas. Quem disse que estavam imóveis?

Engana-se quem pensa que, por empresas convencionais dominarem a Internet, terminou a era dos visionários. A bordo de seus maravilhosos sonhos voadores, eles continuam na importante tarefa de correr atrás do arco-íris tecnológico. Enquanto deixam pelo caminho respingos de suas cores. O conhecimento que é aproveitado por quem não sabe voar, mas sabe transformar o intangível no arroz e feijão de cada dia.

Enquanto a Internet dos lírios boiantes se preocupava apenas em como o livro iria da livraria ao cliente final, os velhos crocodilos olhavam mais longe. Queriam saber como a madeira chegaria a livro, passando por todas as etapas de transformação. Já descobriram. E a plácida lagoa virou um caudal de atividade. Agitada pela cauda musculosa da cadeia de valor. O tráfego de bits na rede nunca foi tão produtivo.

Enquanto isso, a acomodação tectônica que ocorreu na geologia *internetiana* serviu de pasto para a imprensa. Há poucos anos ela pintava a Internet como a grande novidade, sem que se soubesse exatamente o que fazer com ela. Depois a mostrou como o remédio para todos os males. Apresentá-la como o toque digital de Midas, dourando novos milionários, foi apenas um passo. Até o abismo.

Agora somos avisados de que a coisa não é bem assim e cada um deve voltar aos seus afazeres. Mas muitos não percebem que o mercado de Internet sofreu apenas medidas profiláticas para exterminar os carrapatos. Aqueles que tentavam sugar dos crocodilos produtivos o sangue que sustentasse sua volúpia.

Os holofotes da imprensa apontam agora para uma legião de profissionais, órfãos dos carrapatos e resgatados do naufrágio dos lírios d'água. Existe mercado para eles? Existe. São pequenos os pássaros que palitam os dentes do gigante crocodilo. Há trabalho pela frente. Mas só para quem se desfez de uma mentalidade que ficou velha, ainda que impúbere.

Chegar hoje numa roda de investidores para dizer que vai criar um portal disso ou daquilo é ser o chato da hora. Típico vendedor de rifa ou aromatizador de ambientes, que chega e espalha a roda. Hoje, quem propõe algo divorciado da produção e geração de receita é visto como démodé. Tão velho e enrugado quanto você se sentirá se alguém elogiar seus sapatos de couro de crocodilo. Sem perceber que você está descalço.

SE A MINHA GELADEIRA FALASSE

AS TERMINAÇÕES NERVOSAS da nova sociedade da informação estão se espalhando de maneira fantástica, causando algumas mudanças drásticas em nossos hábitos. Com o preço dos chips caindo e seu poder aumentando, a tendência é que cada objeto que nos cerca se transforme em mais um neurônio de uma imensa rede.

Uma verdadeira revolução está para começar na cozinha, e não é briga de marido e mulher. É que uma empresa da Inglaterra passou a produzir uma estranha combinação de geladeira e computador com acesso à Internet. Alguém poderia alegar que usar uma geladeira assim pode ser uma tremenda fria, mas pelo jeito a coisa funciona.

Na verdade a empresa observou o óbvio. Em qualquer lar a geladeira transformou-se em um verdadeiro mural de comunicações com dezenas de imãs pregando bilhetes, lembretes e fotografias da família em sua porta. Por isso a nova geladeira foi concebida para ser uma central familiar de comunicações que permite receber e enviar emails internos e externos via Internet. Utilizando um teclado *touch-screen* no próprio monitor de vídeo sobre a porta, é possível escrever os textos ou criar uma *mail-box* para cada membro da família. Logo teremos diálogos do tipo:

– *Mãe, você sabe onde está o email que o João mandou?*

– *Procure atrás do sorvete.*

Mas a geladeira vai mais longe. Você pode enviar um *video-mail* com seu rosto e sua voz como em uma transmissão de TV. Se você trabalha fora, ao invés de broncas por escrito já pode garantir que seus filhos escutem tudo em alto e bom som, com direito à imagem de sua cara vermelha de raiva. Ou azul, se você não souber como regular as cores de seu monitor glacial. Se não encontrar um botão para controlar as cores, acredito que bastará reduzir um pouco a temperatura para resolver o problema.

Se você for um daqueles garotões do tipo micreiro, vai poder surfar na Web diretamente da geladeira. O único inconveniente é que irá precisar surfar em pé, pois o monitor fica na parte de cima do refrigerador. De qualquer modo, o certo sempre foi surfar em pé, não é mesmo? Se antes sua mãe reclamava que você não saía da frente do computador, dificilmente as amigas irão acreditar quando ela se queixar de que aquele magro adolescente, que é você, não sai da frente da geladeira.

Ah! Ia me esquecendo. Sim, você pode guardar alimentos no Web-refrigerador. Mas para isso ainda não pode clicar em opções do tipo *"save"* ou *"open"*. Precisa fazer tudo na mão mesmo, abrindo a porta e colocando as coisas lá dentro. Esse refrigerador irá causar calafrios em outros fabricantes de eletrodomésticos, pois já vem equipado com TV e rádio. O que deve revolucionar os comerciais de TV. Logo veremos a telinha anunciando coisas do tipo: *"Abra agora mesmo a porta de sua TV e tome uma coca gelada"*.

A geladeira também possui uma função no mínimo estranha: serve de cão de guarda. Você pode ligar câmeras de vídeo externas diretamente ao seu refrigerador para vigiar o quintal. Acabou a impunidade para aqueles assaltantes que costumavam esconder suas vítimas na geladeira. Agora são eles que vão entrar em fria, pois entramos na era da geladeira dedo-duro.

Mas existe uma utilidade mais amena para a vigilância. É possível instalar uma câmera de vídeo no berço de seu bebê e ficar de olho nele enquanto você cozinha. Como já existe o forno de micro-ondas que pode ser ligado em rede, falta apenas inventarem um berço online para seu bebê poder enviar emails diretamente para a geladeira, com cópia para o micro-ondas, e encomendar uma mamadeira quentinha.

À medida que nossa casa vai ficando mais parecida com o apartamento dos Jetsons, algumas situações curiosas poderão ocorrer no futuro. Você liga para a casa de alguém e atende uma voz que diz:

"Aqui é a geladeira. Infelizmente a secretária eletrônica não poderá atender. Ela fugiu com o micro-ondas Se você quiser deixar alguma mensagem, diga qual é e a deixarei registrada em minha porta".

QUEM TEM MEDO DE ENTRAR NA WEB?

ESTOU PASSANDO POR UMA CRISE de criatividade. A razão é simples: não tive nenhuma ideia fantástica para escrever. Mas creio ter diagnosticado a origem do sintoma. É que depois de escrever algumas crônicas que tiveram boa repercussão, comecei achar que jamais iria conseguir fazer aquilo outra vez. Ou que qualquer coisa que eu tentasse escrever, alguém já teria escrito antes de mim.

Este é um mal que atinge também alguns empresários que chegam à porta da Internet e não entram. Esticam o pescoço, dão uma olhada e concluem que jamais conseguirão criar, no mundo virtual, um negócio como o que já criaram no mundo real. Ou então desistem porque veem lá dentro concorrentes de peso fazendo aquilo que planejavam fazer. Se você estiver se sentindo assim, temos algo em comum. Você com sua crise empreendedora e eu, curtindo minha crise de criatividade. Mas repare que nem por isso parei de escrever. E você não parou de ler. Por que deveria?

Se o seu medo é de entrar na Web por achar difícil fazer o que já conseguiu fora dela, fique certo de que realmente não conseguirá se não trabalhar duro. Você se lembra do quanto precisou trabalhar para levantar sua empresa até o patamar onde ela se encontra hoje? Não será diferente na Internet. Mas o final pode ser mais feliz do que aquele que aguarda as empresas que permanecerem à margem da revolução na economia. Lembre-se de que, apesar da rapadura ser dura, ela é doce.

O outro receio seu pode ser de não conseguir enfrentar os gigantes que estão fazendo sucesso no mundo virtual, talvez na mesma área onde você pretenda atuar. Também compartilho de seus receios quando escrevo um artigo. Tem muita gente grande por aí escrevendo sobre a Web e não sirvo de páreo para eles. Mas dizem que para alguém escrever bem é preciso possuir uma destas características: dominar perfeitamente o assunto ou... ter muita cara-de-pau. Você já deve ter adivinhado em que categoria eu me enquadro.

Portanto, nada de desânimo. Tenha em mente que o sucesso aparente dos grandes pode não significar exatamente lucro. É o que acontece com a Amazon.com. Apesar de ser um exemplo de sucesso, a empresa virtual ficou especialista em dar prejuízo. Mas será que eles estão preocupados com isso e deixaram de investir na Web? Não é o que parece. Além de terem entrado como sócios em outros sites, passaram a vender também brinquedos e equipamentos eletrônicos. Além, é claro, dos livros, vídeos e CDs. E dos leilões.

Então você pergunta: Mas se os gigantes não estão ganhando dinheiro na Web, quem sou eu para querer entrar nessa? E eu respondo com outra pergunta: O que *eles* estão fazendo na Web, e o que *você* quer fazer na Web?

Li a história de um empresário aposentado que iniciou seu bem sucedido negócio de fabricação de vidros para relógios após descobrir que seus concorrentes, que dominavam o mercado, apresentavam uma mesma deficiência: levavam semanas para entregar os pedidos. Além disso, fabricavam para todos os tipos de relógios possíveis e imagináveis, aumentando consideravelmente seus custos de produção e estoque.

Após descobrir o calcanhar de Aquiles dos gigantes, ele montou uma fábrica de vidros para relógio que fabricava para apenas meia dúzia de modelos mais vendidos, entregava em 24 horas e tinha preços mais competitivos. Logo sua fábrica quase artesanal estava lucrando muito dentro da lacuna que os grandes fabricantes não conseguiram preencher. Ele a vendeu por um bom dinheiro antes de se aposentar.

Partindo do princípio de que a nova economia vai necessariamente mesclar o mundo real com o virtual, a questão já não é *se* você irá fazer negócios online, mas *como* irá fazer. Quando você entrou no ramo que hoje atua, o único mundo de negócios que existia era o real. Não havia outro e, a menos que seu nome seja Thomas Edison e seu produto seja a primeira lâmpada, você deve ter encontrado concorrentes às pencas. Mas nem por isso desistiu de entrar no negócio, pois certamente tinha em mente um diferencial que lhe dava uma boa vantagem em relação à concorrência.

Portanto, a receita você já conhece. Agora é partir para a ação e, se for bem sucedido, não deixar de me avisar. Afinal, sua história pode ser o tema de meu próximo artigo, já que ainda não pensei no que escrever.

Quem é o responsável?

"Quero falar com a pessoa responsável". Esta é a primeira coisa que o cliente diz quando tem algum problema. E no mundo virtual o consumidor está aprendendo a verificar se existe alguém responsável em uma loja na Web antes de fazer uma compra. Em um artigo que li sobre os cuidados a serem tomados em uma compra eletrônica, alguns eram: *"Não compre de vendedores anônimos"*, *"Não compre de sites com endereços de hospedagem ou de email gratuitos"*, *"Não envie seu cheque para uma caixa postal"*, e por aí vai.

Sabendo que os compradores estão em estado de alerta, o que deve fazer o empresário que deseja fazer negócios na Web? Mostrar a cara. Uma das características da Internet que mais atrai os vigaristas – e assusta os honestos – é justamente a possibilidade do anonimato. Não dar seu verdadeiro nome, telefone e endereço em um *chat* pode ser uma boa precaução, se não quiser ser importunado. Aplique a mesma tática em seu site de negócios e você nunca será incomodado. Nem por clientes.

Se você for como eu, daqueles que não gostam de ser atendidos por máquinas com voz de lata, saiba que muitos de seus clientes têm a mesma opinião. Daí a necessidade de mostrar claramente a seu cliente com quem ele está falando e dar-lhe a certeza de que existe alguém de carne e osso do outro lado do balcão. Mas não exagere. Seu cliente quer apenas certificar-se de estar falando com um ser humano. Ele não está interessado na data de seu nascimento ou em ler sua biografia.

A importância do contato humano é tão grande que algumas revistas criam personagens fictícios para atender seus clientes. Uma antiga revista especializada em micros padrão MSX, tinha uma garota de 16 anos, Magali Suzana Ximenes, para responder as cartas dos leitores. Estes, geralmente meninos e desta mesma faixa etária, escreviam mais interessados no *"hardware"* do que no software. Adoravam ter suas dúvidas respondidas por aquela menina, descrita como sendo ruiva, bonita e profunda conhecedora de computadores e linguagem de programação. O sonho de qualquer micreiro imberbe, a antítese daquela irmã chata que o adolescente tinha em casa. O que poucos percebiam era que a cada ano Magali continuava com a mesma idade, e seu nome começava com as letras MSX.

Se você costumava ler a versão americana da *Reader's Digest*, conhecida aqui como *"Seleções"*, deve ter visto Carolyn Davis oferecendo produtos para as donas de casa. Se não estou enganado, tanto a americana quanto sua correspondente brasileira, cujo nome não recordo, eram personagens fictícias. Assim como algumas mulheres que aparecem explicando a receita nas caixas de mistura para bolo, tratava-se de uma técnica de marketing para acrescentar calor humano à propaganda. Algumas lojas virtuais já oferecem um *chat* com pessoas do outro lado da linha respondendo perguntas sobre os produtos. Se as alegres funcionárias, cujas fotos aparecem aleatoriamente cada vez que alguém entra no *chat*, são reais ou não, nunca vou saber.

Você não precisa colocar em seu site o álbum de família ou a foto do papagaio, mas não custa criar um ambiente onde o cliente não se sinta sozinho. Coloque seu email, endereço físico, telefone, fax, dados de sua empresa, nomes a serem procurados em caso de problemas, e o que achar importante para dar segurança para quem compra. Já entrei em um site no qual cada página convidava, *"Escreva para nós"*. Mas procurei em vão por um endereço ou email que não existia. Infelizmente muitos são assim, exatamente como aquele velho conhecido que sempre convida, *"Apareça lá em casa"*. E nunca diz onde mora.

PARA CORAÇÕES SOLITÁRIOS

VOCÊ ENTRA EM UMA LOJA, descobre algo que lhe agrada, olha em redor e não acha um vendedor. Você pigarreia, tamborila os dedos no balcão, chacoalha seu molho de chaves, finge uma tosse, assobia, bate palmas, chama e nada acontece. A solidão se transforma em indignação, enquanto você caminha em direção à porta, batendo os pés com força. Por falta de um atendimento pessoal, a loja acaba de perder mais uma venda.

Mas se há lojas que perdem clientes por falta de contato pessoal, outras têm contato demais. São aquelas cheias de vendedores grudentos, que arrastam você para dentro enquanto falam sem parar. Arrependido por ter solicitado uma informação, você procura cauterizar os tímpanos para não ser enrolado por aquela conversa, enquanto pensa em uma maneira de escapar com a carteira intacta. E, quando consegue, nunca mais volta.

O comércio virtual também perde muitos clientes já dentro da loja. Segundo o Forrester Research, no ano 2000 67% das pessoas que começaram um processo de compra desistiram antes de terminar. As razões dessa debandada na fila do caixa são muitas. Mera curiosidade, dúvidas não esclarecidas, problemas de navegabilidade ou páginas lentas são apenas algumas das razões. Em alguns casos, a decolagem rumo ao pagamento é abortada pela intervenção da esposa, que obriga o marido a um pouso forçado daquele tão sonhado simulador de voo

Apesar do comércio tradicional seguir o rumo do self-service, alguns segmentos estão despertando para a necessidade do contato humano. Nas melhores lojas de departamento você pode pegar o que precisa, mas sempre há uma pessoa ao alcance da vista para esclarecer alguma dúvida. Enquanto alguns preferem a liberdade do auto-atendimento, há clientes que sentem uma carência muito grande de suporte humano.

Na Internet o risco de ser assediado por um vendedor chato e grudento não existe, graças à possibilidade de se interromper a conexão ou deletar o vendedor. O mundo virtual tornou possível o contato humano com uma privacidade que pode chegar ao anonimato. Por isso é cada vez maior o número de pessoas que gostariam de poder contar com uma ajuda personalizada nas compras virtuais.

Ter disponível em cada página do site um número 0800 ou um endereço de email para informações é a forma mais simples de se atender os corações solitários. Mas isto não resolve o problema, já que a maioria dos usuários de Internet tem acesso a apenas uma linha telefônica, que é a mesma usada para a conexão. O contato por email também implica na interrupção do processo de compra e no aguardo por uma resposta. No mundo real, isto equivale a ter que voltar à loja no dia seguinte para ver se o crédito foi aprovado. É por isso que muitas lojas anunciam "crédito imediato" em suas peças publicitárias.

A baixa velocidade de conexões e equipamentos utilizados por alguns internautas ainda dificulta um atendimento com vídeo e som. Mas existe uma forma eficiente de atendimento pessoal online, o popular *chat* ou bate-papo que permite conversar com várias pessoas ao mesmo tempo. Trata-se de um know-how que qualquer criança ou adolescente domina perfeitamente. Que o digam os pais que tentam ligar para casa enquanto a filha adolescente está em busca de um príncipe encantado no mundo virtual.

Alguns sites de comércio eletrônico oferecem *chat* ao vivo com os vendedores. Enquanto compra, o cliente pode fazer perguntas, pedir sugestões ou até reclamar do serviço. Além de criar um diferencial para os negócios virtuais, isto abre novas perspectivas e oportunidades de trabalho para serviços de *Call-Center*.

Quem vai gostar são os jovens que hoje habitam os canais de *chat*. Imagine só poder bater-papo, conhecer pessoas e ainda ser pago para isso! Mas a garotada vai precisar de um treinamento intensivo de português e atendimento ao cliente, caso queira ingressar nessa nova profissão. Ou, então, os negócios poderão ser arruinados por diálogos como este:

<Compradora_Solitária> *Em quanto tempo vocês entregam o meu pedido?*

<Atendimento_Pessoal> *qqr prod q vc pedir a gente entrega ainda hj. aki na pg do chat tem link q chama a hp pra c fazer pedido. c vc tiver qqr dvd eh soh tc.**

---

*Tradução: Qualquer produto que você pedir, nós entregamos ainda hoje. Aqui na página do chat há um link que chama a homepage para fazer o pedido. Se você tiver qualquer dúvida, é só escrever.

ÁLCOOL, TALCO OU VELVA?

ESTA PERGUNTA SEMPRE FOI COMUM nas barbearias tradicionais após uma barba bem feita com a navalha afiada. E o que
poderia levar alguém a sentar em uma cadeira reclinada,
olhando para o teto, com os braços semi-imobilizados por
uma toalha e quinze centímetros de lâmina passeando por seu
pescoço? Obviamente o prazer de estar sendo bem tratado.
Mas este sentimento só poderia surgir a partir do momento
em que o barbeiro conquistasse a confiança de seu cliente. E
no conjunto todo de gentilezas que contribuíam para isto estava deixar ao cliente a escolha do que passar em seu rosto após
a barba.

Ainda não apareceu uma barbearia na Internet, mas a lição
do barbeiro permanece. Pode ser este o grande segredo que irá
fazer a diferença entre os gigantes do comércio e a dona Maria
que resolveu vender sua geleia de mocotó na Web. O pequeno
não precisa se preocupar em parecer grande, mas precisa conquistar a confiança do cliente.

Mas existe mercado para o pequeno na Internet? Bem, se
não existisse as mercearias já teriam desaparecido e ninguém

mais faria a barba nas barbearias. E veja que os supermercados podem ter preços melhores, e até uma criança consegue fazer a barba com um barbeador elétrico, mas é tudo impessoal demais para o gosto de alguns. O grande diferencial do barbeiro, quitandeiro ou pequeno comerciante da esquina foi conquistar a confiança de sua clientela. E isto é algo que pode durar anos.

Você talvez não vá abrir uma barbearia na Internet, mas que tal um escritório de advocacia? Ou uma consultoria de negócios? Para qualquer atividade, conquistar a confiança do cliente é essencial. E nada melhor para se conquistar a confiança do que uma conversa franca com o cliente. Como o barbeiro que comenta as notícias do dia ou o dono da mercearia que se importa com o que acontece no bairro, na Internet é possível você iniciar uma conversa fornecendo informação amigável e a possibilidade do visitante interagir com você.

Chamo de informação amigável aquela mão amiga que faz seu visitante querer voltar ao site. É a livraria que cria um ambiente para aqueles que adoram ler, com salas de leitura gratuita, *chat* com autores do momento ou listas de discussões para temas variados. Dicionários online e boletins gratuitos por email sobre novos lançamentos completam o quadro.

Infelizmente muita gente tem tamanha fixação pelo produto ou por vender milhões, que acaba se esquecendo de que são seres humanos, e não números, que estão sendo atendidos. É muita ingenuidade pensar que todas as pessoas entram na Internet querendo comprar alguma coisa. Ao contrário, comprar é seguramente a última coisa que passa pela cabeça de quem navega.

As pessoas navegam em busca de informação, entretenimento ou simplesmente porque querem fazer algo diferente. É a busca por opções, mas dentro de um ambiente confiável. Há muito que o barbeiro descobriu isso, daí a pergunta: *"Álcool, Talco ou Velva?"* Ele não impõe, mas apresenta opções. O comerciante na Web deveria fazer o mesmo. A frase já consagrada no comércio deveria ocupar um lugar de honra na mente de cada aspirante ao comércio virtual: *"Em que posso servi-lo?"*.

Talvez ainda demore até você encontrar barbeiros na Internet, mas alguns sites já conseguem criar o clima agradável dos tradicionais salões: um ambiente que inspira confiança. Lá você pode ler o jornal do dia, bater um papo amigável – que hoje chamamos de *chat* – e quase sentir o cheiro do pós-barba. Não acredita? Bem, então deixe-me perguntar: Existe algum site que você costuma visitar com frequência? E por que vai lá? Se descobrir a razão dessa atração que é exercida sobre você, já estará a meio caminho para entender como criar a atmosfera – o aroma cibernético – que atraia seus clientes. Então você terá descoberto a versão virtual do *"álcool, talco ou velva"*.

Cultura de Internet

Quando leio as estatísticas, elas dizem que a maioria das vendas que acontecem hoje online são as que deixaram de ser feitas no comércio tradicional. Dos bilhões de dólares que os americanos gastam comprando em lojas ou por catálogo, uma boa parcela estaria sendo "roubada" do comércio convencional pelo comércio eletrônico. Um número sempre crescente, à medida que vai acontecendo uma adaptação cultural, tanto de quem compra como de quem vende.

Esse tipo de notícia atrai multidões na busca de um novo Eldorado na rede, mas é bom que esses novos aventureiros saibam de antemão que nessa jornada irão se deparar com um grande número de baixas pelo caminho. São os pioneiros do *e-commerce*, expedicionários mal equipados e mal informados que descobriram, do modo mais difícil, que para se vender no mundo virtual há barreiras a serem contornadas. Ouvi dizer que provavelmente o Eldorado que os colonizadores espanhóis tanto procuravam era o milho, um verdadeiro tesouro para o povo da terra. Só que exigia trabalho, algo que aventureiro nenhum gosta de encarar.

Um grande problema ainda enfrentado na rede é o cultural. Tanto de quem quer vender como de quem vai comprar. Algo como naquela história dos dois vendedores de uma indústria de calçados que planejava se estabelecer em um país do terceiro mundo. Os dois foram enviados para fazer um levantamento de mercado e chegaram a conclusões opostas. O telegrama que a companhia recebeu do primeiro dizia, *"Péssimo mercado. Aqui ninguém usa sapato. Cancelem o plano."* O outro enviou um telegrama que dizia: *"Excelentes oportunidades. Aqui ninguém ainda tem sapato. Executem o plano."*

Antes que você repudie o pessimismo do primeiro vendedor, e dê seu voto de louvor ao segundo, creio que ambos estavam errados. O primeiro por não enxergar o potencial do mercado, e o segundo por não levar em conta a questão cultural. Em uma situação assim, seria necessário um tempo para o amadurecimento do mercado. Enquanto isso, tanto os vendedores como os compradores estariam sendo culturalmente preparados. Quer gostemos ou não, a Internet ainda não é tão popular quanto a TV ou o telefone, mas vai ficar. Enquanto isso, tanto a incredulidade como o otimismo exagerado devem ser evitados.

Pode levar algum tempo até que a rede se torne um mercado acessível às massas. Mas isso não deve ser entendido como algo negativo. Pelo contrário, a própria rede está dando uma chance aos que investem nela, para que também adquiram cultura de comércio virtual. O mercado – vendedores e compradores – está amadurecendo como um todo. Agora é tempo de preparar a terra, adubar, plantar a semente e ir assimilando as lições aprendidas no processo. Mas não será em qualquer terra e nem com qualquer semente que se conseguirá uma boa colheita. E nem sem investimento e dedicação.

A importância da questão cultural me faz lembrar do que aconteceu com um amigo que trabalhou em uma cooperativa agrícola no interior do país. Era uma região pobre, tanto de recursos como culturalmente, onde a maioria da população era analfabeta e praticava uma agricultura de subsistência.

Certo dia, um agricultor entrou na cooperativa e, muito bravo, berrou que as sementes que tinha comprado ali não prestavam. Tinha preparado a terra e semeado tudo, mas nem mesmo uma semente do pacote que tinha comprado ali havia germinado. Gritando que exigia seu dinheiro de volta, jogou a embalagem vazia sobre o balcão. Meu amigo precisou de muita habilidade para acalmar o agricultor e controlar o riso. Quando viu sobre o balcão a embalagem de macarrãozinho para sopa.

QUEM TEM MEDO DO LOBO MAU?

O PORQUINHO FRIORENTO E O LOBO FAMINTO se encontraram. O porquinho armou a espingarda, fez pontaria e ia puxar o gatilho, garantindo um casaco de peles, quando foi interrompido.

Espere! – gritou o lobo. – *Você tem frio e eu tenho fome; espere mais um pouco que eu tenho a solução para nós dois.*

E o porquinho esperou. O resto da história você conhece: o porquinho ganhou um casaco de peles e o lobo encheu a pança.

Embora minha história não mereça um prêmio de originalidade, ela ilustra bem o que acontece com o pequeno empresário e o comércio convencional diante dos grandes lobos corporativos que dominam cada vez mais o mercado. Vivemos uma época de grandes mudanças, e a Internet é responsável por boa parte delas. Hoje nenhum empresário pode se dar ao luxo de esperar as coisas acontecerem. Se o fizer, certamente será engolido.

O comércio convencional não deixou de existir com a entrada em cena da Internet, mas suas paredes – sejam elas de palha, tábuas ou tijolos – precisam ser reforçadas para aguentar o sopro do lobo. Do contrário é melhor o comerciante convencional ir aprendendo a cantar a música da outra história: *"Eu vou, eu vou, pra casa agora eu vou!"*

Uma agência de viagens de Nova Iorque levou treze anos para virar um negócio rentável. E apenas dois anos para reduzir seu quadro a apenas uma funcionária de meio período. Enquanto isso o proprietário tenta montar outro negócio. Neste caso a Internet ajudou a solapar o alicerce do empreendimento que perdeu seus clientes para a compra de passagens online, diretamente das empresas aéreas. Mas a verdadeira razão de sua agonia e morte se deve à inércia e falta de visão do proprietário. Assim como o porquinho, ele esperou o lobo tomar a iniciativa para ver se a sua concorrência iria dar certo na Internet. E deu.

Uma pesquisa feita pela OECD, sigla da Organização para o Desenvolvimento e Cooperação Econômica, revelou que a distribuição de bens e serviços utilizando a Internet gerou uma enorme redução nos custos de alguns segmentos. Passagens aéreas tiveram seu custo de distribuição reduzidos em nada menos que 87% quando a transação passou a ser feita diretamente pela companhia aérea usando seu próprio site na Internet. Diante de números assim, o lobo nem precisa ser mau para querer entrar nesse negócio de venda de seus produtos e serviços via Internet.

Até o observador menos atento irá concluir que o comércio online não está apenas criando novas vendas, mas roubando uma fatia das vendas do comércio convencional. Hoje é possível encontrar e comprar rapidamente pela Internet um livro ou CD, enviar flores ou um presente para alguém, sem precisar tirar o carro da garagem. Mas será que essa nova realidade irá abocanhar e engolir de vez o comércio convencional? Não creio. Este já se mobiliza para formar sua própria matilha na Internet, criando sistemas cooperativos que fortaleçam sua atuação.

James Punteney, do *Multimedia Marketing Group*, uma empresa especializada em marketing para a Internet, conta sua experiência na compra de uma bicicleta. Ele deu preferência a uma loja convencional pois queria experimentar antes de comprar. E foi só na segunda tentativa que encontrou uma bicicleta compatível com a sua estatura. A menos que ele fosse alguém como eu, que só pedala em *bikes* de videogame, sua compra teria sido inviável em uma loja virtual.

Todavia é interessante observar como neste caso as duas modalidades de comércio se complementaram. Uma loja virtual pode muito bem trabalhar em parceria com lojas convencionais espalhadas por todo o mundo, em um processo de cooperação mútua e usando um sistema de comissões. Um empreendimento assim, além de se tornar forte no segmento que explora e expandir sua área de atuação, permite que os clientes conheçam melhor um produto que precise ser experimentado antes da compra.

James só podia experimentar a bicicleta nas dependências da própria loja, mas como era uma *mountain bike*, ele precisava conhecer sua performance em trilhas de terreno ruim. É óbvio que o vendedor não iria deixar James enfiar a bicicleta no barro antes de efetuar a compra, portanto levou-o até um computador conectado à Internet e à loja virtual com a qual tinha parceria, para que ele pudesse ler os comentários de usuários daquele modelo.

James entrou ainda em uma área de *chat* ou bate papo de ciclistas na loja virtual e perguntou se alguém conhecia aquela marca. Os compradores passaram a fazer o papel de vendedores, desfilando na tela as virtudes daquele modelo e levando James a concluir ser aquela sua melhor opção. Se errasse na compra, pelo menos não estaria sozinho.

Mas a compra ainda não estava consumada. Saindo da virtual para cair na real, James descobriu que a loja convencional só tinha em estoque o modelo na cor laranja. A última coisa que James queria era uma bicicleta que lembrasse suco. A solução veio alguns cliques depois. O vendedor levou James de volta ao mundo virtual, onde pôde escolher a cor verde que desejava e a própria loja se incumbiu de fazer a encomenda online.

Dois dias depois uma *bike* verde brilhante, montada e ajustada, estava na loja à espera de James. Entusiasmado, ele ainda comprou alguns acessórios, como capacete, bomba para encher pneus e uma trava. Todo mundo ganhou no processo. A loja virtual vendeu uma bicicleta que não venderia sem a ajuda da loja convencional. Esta, por sua vez, só veio a satisfazer o desejo do cliente graças à sua parceria com a loja virtual, de quem recebeu uma comissão pela venda.

A experiência demonstra que existe lugar para o comércio convencional na nova realidade de negócios. Mas deve haver uma adaptação e em todos os casos a Internet terá um papel indispensável. Dificilmente haverá um setor que não venha a necessitar da Internet se quiser crescer – ou simplesmente não desaparecer. Mas não é preciso ter medo do lobo mau. O importante é não esperar mais, achando que seja possível crescer fora da sociedade da informação. Se ainda assim conseguir crescer, provavelmente será apenas para adiar o destino que será o mesmo daquele porquinho do antigo comercial de TV, quando lhe perguntavam:

– *O que você vai ser quando crescer?*

– *Salsicha!* – respondia ele.

PARA USAR DE QUALQUER LUGAR

SEGUINDO A MÁXIMA POPULAR que diz que de graça, até injeção na testa faz bem, o site da Sun decidiu se transformar em um imenso posto de vacinação. Bastou oferecer gratuitamente o StarOffice, um pacote que reúne processador de textos, planilha de cálculos, banco de dados e utilitários para apresentações e gráficos, e milhares de pessoas ofereceram, de bom grado, suas testas à aplicação. Enquanto um conjunto assim costuma alcançar preços com três dígitos ou mais, o StarOffice é oferecido totalmente grátis. Talvez esteja aí a razão principal de seu sucesso entre aqueles que buscavam uma alternativa para o Office da Microsoft.

O que muitos deslumbrados pelo grátis não estão enxergando é que existe uma filosofia por trás da estratégia da Sun. Este é apenas um passo intermediário antes do próximo lançamento da empresa, um site com este e outros programas de produtividade funcionando totalmente na Web. Isso não é novidade para quem se recorda da declaração feita por Scott McNealy em 1997 aos acionistas da empresa: *"Nossa meta é proporcionar uma conectividade em rede que seja tão confiável quan-*

to fácil de usar... como o som de discar de seu telefone, ela está sem-
pre ali... fornecendo a conexão que você necessitar, a qualquer hora,
de qualquer lugar, a partir de quaisquer tipos de dispositivos fáceis
de usar."

A realidade é que estamos caminhando para uma Web que já se transforma em um ambiente de trabalho. Enquanto tento me acostumar com o StarOffice que instalei em meu micro, a Sun ruma para o conceito de um portal na Web que seja um ambiente de trabalho virtual. Seguindo essa tendência, logo o software que você usa estará disponível na Web, seus arquivos estarão armazenados na Web, e você poderá trabalhar em qualquer lugar onde existir um micro, notebook, handheld, ebook, refrigerador, ou liquidificador conectado à Internet. Até aquela ida ao shopping para acompanhar a esposa nas compras terá um novo caráter. É só você procurar um cyber café e irá poder trabalhar normalmente. Enquanto ela gasta, você ganha.

Assim como o peixe fica curioso para saber o que o pescador ganha oferecendo aquela suculenta minhoca amarrada na ponta de uma linha, você deve estar se perguntando onde é que a Sun ganha oferecendo tudo isso de graça. Creio que a fisgada virá mais tarde, mas no momento morder a isca vale a pena. É bom aproveitar a onda do grátis até que estes e outros programas na Web passem a ser oferecidos mediante algum tipo de pagamento.

A estratégia de primeiro dar para depois receber é a que melhor funciona na Web. Mas quem quiser aplicar essa filosofia em seus negócios deve entender que a maneira correta de se fazer isso é entregar grátis apenas uma parte do produto ou serviço. É nos produtos ou serviços adicionais que a empresa ganha. A coisa funciona mais ou menos como na história daquele consultor de empresas que dava palestras grátis sobre como fazer grandes negócios. Obviamente ele não entregava ali tudo o que tinha a oferecer, mas terminava sempre com algo mais ou menos assim:

– *Para encerrar, gostaria de dizer que para ser bem sucedido nos negócios você deve fazer DUAS coisas: Primeiro, nunca conte aos outros tudo o que sabe. Muito obrigado pela presença de todos.*

INTERNET A DOIS

UMA DAS MAIS FANTÁSTICAS características da Internet é podermos participar de seu início, quando pessoas comuns podem inaugurar empreendimentos pioneiros. Na infância da aviação, os primeiros aviões não eram construídos por engenheiros aeronáuticos, nem pilotados por pilotos profissionais. Era algo tão novo, que eram fabricados na garagem, seu combustível misturado na cozinha e as decolagens aconteciam em um pasto no quintal. A Internet, como ambiente de negócios, começou assim. E permitiu que casais empreendedores e apaixonados unissem o útil ao agradável e começassem um negócio a dois.

Negócios de sucesso administrados por casais não são novidade. Muitas grandes empresas começaram na cozinha ou na garagem. Hoje, com a dificuldade crescente para se conseguir um emprego, os casais voltam a arregaçar as mangas em empreitadas caseiras que acabam virando negócios rentáveis.

Graças à Internet, os recursos hoje à disposição de um pequeno negócio doméstico são muitos maiores que os utilizados por grandes empresas há vinte ou trinta anos. A comunicação passou a ser instantânea e a distância deixou de ser problema. Se a Internet tivesse sido inventada antes, a história de Romeu e Julieta não seria um caso terminando em tragédia, mas um *"case"* de uma bem sucedida joint-venture *entre as famílias Capuleto e* Montechio

Cada vez aumenta mais o número de pessoas trabalhando em casa e utilizando a Internet profissionalmente. Antes do ano 2000, cerca de 15,3 milhões de norte-americanos que trabalhavam em casa já estavam conectados à Internet. No ano 2000 este número chegou a mais da metade da população norte-americana que trabalha em casa, estimada em 55 milhões naquele ano.

Considerando que hoje muitos negócios nascem e crescem em torno de grandes centros de trabalho, como fábricas e edifícios de escritórios, o aumento do número de pessoas trabalhando em casa gera também um aumento no número de negócios voltados para esse mesmo público: pessoas que compram sem sair de casa.

Algumas empresas domésticas já operam hoje 100% online, comprando e vendendo seus produtos, informações e serviços via Internet. Outras compram online para vender no comércio convencional, ou vice-versa. Há ainda aquelas que operam nos moldes convencionais tanto na compra como na venda, mas mesmo assim não deixam de investir na Web como ferramenta de marketing e suporte ao cliente.

Aproveitando a infância da Internet, muitos casais podem iniciar empresas com um capital que tornaria inviável um negócio convencional. Em lugar de uma loja de tijolos em um ponto comercial caro, criam um site tão visível quanto o dos grandes magazines. Ou mais até, dependendo da criatividade do casal. A possibilidade de automatizar o atendimento elimina a necessidade de funcionários, e com um marketing criativo utilizando a rede pode-se fixar a imagem da empresa de forma muito mais barata do que usando a mídia convencional. Se o marketing for bem feito, ninguém irá desconfiar que o presidente da empresa trabalha de pijama.

Algumas empresas virtuais seguem à risca sua vocação virtual. Ao invés de manipularem estoques físicos, organizam parcerias com distribuidores convencionais já estabelecidos e passam a ser apenas um canal de vendas. O site vende, mas quem entrega é o distribuidor que, por sua vez, paga uma comissão aos donos do site. Assim um casal pode criar uma rede de supermercados com um capital que não daria para abrir uma quitanda. Tudo vai depender de aproveitarem um momento único da história, quando a Internet ainda experimenta sua lua-de-mel. E talvez não exista oportunidade melhor do que esta para se começar um negócio a dois.

Mas antes que os leitores do sexo masculino fiquem muito animados com a ideia, é bom saber que mesmo a Internet não irá encantar uma esposa com os pés no chão. Qualquer negócio novo, mesmo entre apaixonados, deve ser precedido de um estudo de viabilidade frio e isento de paixões. Neste ponto as mulheres ganham um ponto. Ao contrário dos maridos, que se empolgam facilmente, elas são mais realistas e querem saber a relação custo-benefício de qualquer vazamento do orçamento familiar.

Faz lembrar a piada de Thomas Edison, quando inventou sua primeira lâmpada. Tomado de empolgação, gritava da sala de sua casa no meio da noite: *"Querida! Querida! Inventei a lâmpada!"*. Do quarto veio a voz de sua esposa: *"Tá bom, Tá bom! Agora apaga a luz e vem dormir."*

O rei morreu, viva o rei!

A CORRIDA DE GIGANTES para a Internet tem tirado o sono de muitos, principalmente dos intermediários. São os distribuidores, revendas, representantes e vendedores que ganham a vida fazendo o meio de campo entre o fabricante e o consumidor final.

Hoje é possível comprar um micro direto da fábrica pela Internet, com direito a dar palpite na sua montagem. A e-GM, divisão estratégica da empresa para atacar o setor de vendas virtuais, surgiu no horizonte como um buldózer abrindo caminho para novos negócios. Ou como rolo compressor, do ponto de vista de algumas revendas.

Depois foi a vez da Ford colocar a fanfarra na rua e embarcar na Internet de braços dados com a Microsoft. Montadoras, empresas aéreas, fabricantes de hardware e até gravadoras começam a disputar no cotovelo o espaço virtual. Pobre revenda, pobre representante, pobre intermediário, diriam alguns. O intermediário morreu?

Não creio. Nunca houve tanto espaço para o intermediário como hoje. A Amazon.com, a maior livraria da Internet, é um intermediário. o famoso site de leilões, eBay, é um intermediário. E Jerry Whitlock é um intermediário. Mas quem é Jerry Whitlock? Você nunca ouviu falar?

Nem eu. Pelo menos até algumas semanas atrás. Jerry, que já foi notícia até no Wall Street Journal, é o exemplo ideal do intermediário da nova economia. Em 1995, quando começou seu negócio na garagem, Jerry vinha de uma experiência de vinte anos viajando e vendendo juntas de vedação para máquinas e motores. Nesse tempo Jerry colecionou catálogos e abasteceu dezenas de porta-cartões, convertidos depois em um enorme banco de dados com milhares de endereços de fábricas, distribuidores e revendas de juntas em todo o mundo.

Em 1997 sua empresa, a EPM, faturou um milhão de dólares funcionando em uma garagem equipada com telefones, aparelhos de fax e micros conectados à Internet. Além dos dois funcionários de tempo integral – Jerry e sua esposa – eventualmente a irmã de Jerry aumentava o contingente, fazendo telemarketing da cozinha de sua casa.

A EPM continuou crescendo sem sair da garagem. Hoje Jerry fornece juntas de vedação – daquelas difíceis de ser encontradas – para fábricas em todo o mundo. O que é um pesadelo para uma fábrica, que chega a parar sua linha de produção por causa de um vazamento em uma máquina, é um doce sonho para Jerry. Ele tem a junta que vai resolver o problema, mesmo que a máquina tenha sido fabricada na China em mil novecentos e nada. Para produzir em quantidade as juntas mais procuradas, e menos encontradas, Jerry montou uma fábrica na Índia, em conjunto com um empreendedor que conheceu pela Internet.

Mesmo quando Jerry viaja de férias com a esposa, a loja na Internet continua funcionando e os pedidos chegando. Com seu notebook e o celular, a EPM está ao alcance de qualquer cliente em qualquer parte do mundo. De seu posto, que pode ser debaixo de um guarda- sol em uma praia na Flórida, Jerry consegue receber pedidos, consultar seu banco de dados, descobrir quem tem aquela junta rara, e providenciar a entrega rápida para o cliente em qualquer parte do mundo.

O site de Jerry em www.epm.com anuncia 47 bilhões de juntas em estoque. Na garagem? Não, no mundo. Jerry entendeu o que significa trabalhar no mundo virtual. Ou será que você acredita que a Amazon.com tenha em estoque todos os livros que anuncia? Tirando o estoque estratégico dos mais vendidos, o resto não passa de fotos digitalizadas das capas, que provavelmente caberiam no HD de meu computador.

Jerry Whitlock, ou *"The Seal Man"* – algo como *"homem vedação"* – apelido que ganhou no tempo de vendedor e registrou como marca, é o protótipo do intermediário da nova economia. Ele conhece seu produto, sabe quem precisa e descobre quem tem. Com seu conhecimento, Jerry agrega valor ao que vende em sua loja localizada no bairro chamado mundo. O intermediário morreu? Viva o intermediário!

DONA ESCOLÁSTICA E O FAX

ETELVINO Q. BRADO é um empresário como muitos outros. Sua empresa sobrevive fornecendo para um grande fabricante de máquinas, cujos pedidos são aguardados com ansiedade pelo Modesto, seu gerente de vendas, e dona Escolástica, a fiel secretária. É essa estranha confraria que costuma se revezar em uma vigília ao redor do aparelho de fax quando os pedidos estão para chegar. Aliás, foi este o último salto tecnológico da empresa para modernizar sua comunicação com clientes e fornecedores.

Para que a linha de montagem permaneça ativa e possa atender seu principal cliente, Etelvino depende de vários fornecedores de itens que vão de parafusos a chapas de aço. Os pedidos, enviados também por fax, são preparados pelo Anselmo, o gerente de compras. Ele gasta um bom tempo calculando e escrevendo à mão uma programação de entrega com quantidades exatas e enxutas para evitar estoques desnecessários. Dona Escolástica é quem datilografa tudo, passa para o Anselmo corrigir, e depois volta a datilografar a versão final antes de enviá-la por fax.

Aliás, foi dona Escolástica quem fez a toalhinha de crochê que cobre o aparelho de fax quando não está sendo usado. No passado ela já fazia protetores de crochê para maçanetas de portas de geladeira, mas com os modernos puxadores o hobby acabou meio esquecido. Hoje, a atenção de dona Escolástica está no fax sem a toalhinha. É que o principal cliente de Etelvino, e também seus fornecedores, estão em outras cidades, e os negócios dependem inteiramente do fax e do interurbano. Pode-se dizer que a vida da empresa está por um fio – o fio do sistema de discagem direta à distância.

Salvo o ruído de um ou outro dominó que cai no chão, ou o sussurro de *"Truco!"*, arriscado por um operário mais audacioso, hoje o silêncio reina na linha de produção parada. Até o Juvenal, que simulava alguma atividade limpando sua área de trabalho, achou melhor descansar. O torno já está mais limpo que o fogão de sua esposa. Não há componentes para completar o pedido que entrou na semana passada. As peças tiveram que ser encomendadas por Sedex, devido a problemas com o interurbano, e isso atrasou tudo.

Para piorar, o pedido do cliente, que deveria ter entrado ontem, não apareceu porque o fax anda muito quieto ultimamente. No escritório o pessoal está em pé ao redor do aparelho, esperando por um sinal de vida. Só mesmo a total ausência de piadas revela que aquilo não é um velório.

O carteiro chega e entrega um telegrama para dona Escolástica. Ela lê, com voz trêmula, a mensagem que acaba de chegar do principal cliente:

"FAVOR CANCELAR PEDIDO DA SEMANA PASSADA. NÃO PODEMOS MAIS ESPERAR. IMPOSSÍVEL ENVIAR PEDIDO DESTA SEMANA. INTERURBANO COM PROBLEMAS. FOMOS OBRIGADOS A USAR FORNECEDOR COM INTERNET. SAUDAÇÕES."

"Internet?!", exclamam todos com um misto de ignorância e espanto. Todos olham para Etelvino Q. Brado, enquanto este fita a foto amarelada do avô e fundador da fábrica na parede, tentando adivinhar o que a Internet tem a ver com indústrias.

Enquanto empresas como a de Etelvino vão desaparecendo na poeira dos séculos, a vida continua para quem descobriu que hoje o fluxo da produção depende como nunca do fluxo da informação. Empresas cuja comunicação de informações de compra e venda permanecem restritos ao fax perdem cada vez mais terreno para outras, que abrem novas frentes de negócios graças à Internet.

Enquanto muita gente vai tentando descobrir onde economizar para permanecer em um mercado altamente competitivo, empresas com visão vão provando que investir em Internet deve ser prioridade na era dos negócios digitais. Partem para um relacionamento online com seus fornecedores, usando a Internet como rede e o browser como interface. Na outra ponta, dezenas de fornecedores, de clipes a componentes eletrônicos, têm suas vendas asseguradas e suas linhas de produção em franca atividade sem depender do interurbano ou fax. Felizes aqueles gerentes de tecnologia da informação cujas investidas na Internet não foram vistas com ceticismo pela direção da empresa.

Hoje assistimos a uma corrida desesperada em busca de sistemas de *e-business*. As retardatárias ainda estão comprando micros e instalando acesso à Internet. Outras, que já deram esse passo, correm atrás de quem desenvolva um *website* para marcar sua presença na rede mundial. Algumas chegam mais longe, contratando linhas privativas para garantir o acesso 24 horas à rede mundial.

Mas mesmo estas estão ainda um passo atrás das empresas que já integraram seus processos a sistemas que utilizam a Internet como rede de negócios. Nestas a negociação com fornecedores, representantes e clientes já é online. São empresas que logo poderão se dar ao luxo de cobrir o fax com uma toalhinha. Aliás, foi isso que dona Escolástica passou a fazer para sobreviver depois que Etelvino Q. Brado quebrou. Toalhinhas de crochê para cobrir aparelhos de fax.

O RATO QUE RUGE

COMO PARTE DE UMA CAMPANHA de marketing, a Land-marksforSale.com, uma empresa fictícia, colocou à venda a Ponte do Brooklyn, em Nova Iorque. A julgar pelo número de hits que o site recebeu, acompanhado de telefonemas e emails, a impressão que dava era de que havia muita gente rica e ignorante solta por aí, ou uma enorme escassez de pontes no mercado.

Evidentemente, a velha ponte não poderia ser comprada por ninguém, embora vigaristas tenham feito um bom dinheiro no final do século passado, vendendo-a para imigrantes que acreditavam em tudo o que viam no novo mundo. Anunciar a venda da ponte foi a maneira encontrada pela empresa BizRate, um guia de compras na Web, de tentar mostrar a importância de seus serviços de auxílio ao *e-commerce*.

A campanha publicitária, que alertava os compradores virtuais para o perigo de se acreditar em tudo o que há na Web, incluiu propaganda em rádio e TV, outdoors espalhados pela cidade, e um anúncio de 35 mil dólares de página inteira no New York Post. O cenário era completado pela distribuição de panfletos nas ruas por supostos manifestantes, que protestavam contra a venda da ponte com slogans do tipo

"NÃO DEIXE QUE VENDAM A PONTE".

O aparecimento de empresas de proteção ao consumidor na Web é resultado da proliferação de negócios honestos e desonestos nesse meio. Do ponto de vista de negócios, isso só fortalece o poder da Internet como ferramenta eficaz para a pequena e média empresa. Se empresas fantasmas conseguem parecer algo na Web e conquistar clientes, os pequenos e médios negócios honestos também devem conquistar seu espaço.

Ativistas políticos e guerrilheiros já perceberam o poder de mobilização da Web. O pequeno Exército de Libertação Nacional Zapatista descobriu que lutar na Web dá mais resultado e menos trabalho que doar sangue para mosquitos nas selvas do México. E na guerra do mundo dos negócios, empresas nascidas em algum alojamento para estudantes, cujas instalações não passam de um micro dividindo a escrivaninha com latas de refrigerante e sanduíches meio comidos, conseguiram passar a imagem de grandes corporações.

A Internet deu aos pequenos um poder nunca antes visto. A criatividade dos ratinhos ainda consegue ser páreo para as polpudas contas publicitárias dos leões, já que todos têm acesso às mesmas ferramentas. Pelo menos até que venha a Internet 2 e seja preciso um estúdio de TV para se criar uma home-page.

Mas não é apenas de imagem que as empresas sobrevivem. O cliente atraído pela fachada de grande precisa encontrar um diferencial que atenda às suas expectativas. Mais ou menos como aconteceu com um xará que conheci em um camping perto de Brasília.

Recém-casados, eu e minha esposa nos preparávamos para dormir dentro de nossa barraquinha, quando o barulho começou. Eram gritos vindos de todas as partes do camping:

– *O seu Mario chegou!!!", "É o carro do seu Mario!!*

Outro Mario, muito mais popular entre os habitantes usuais daquela cidade de barracas, estava chegando ao camping.

Mas para nós, dentro de nossa barraca, o *"seu Mario"* era um sujeito oculto. Só podíamos ouvir o ruído de gente correndo, carro parando, porta abrindo, gritinhos de emoção e... uma trovoada:

– *BOA NOITE, PESSOAL!!!*

O homem tinha a voz de cem Pavarottis e torcida de final de copa do mundo em decisão por pênalti. Em nossa imaginação víamos uma figura hercúlea, 3 metros de altura e músculos do Schwarzenegger, o maior nome do cinema. Em número de letras.

Conseguimos dormir, apesar da algazarra em torno do tal *"seu Mario"* ter continuado pela madrugada. Na manhã seguinte, eu e minha esposa comíamos bolachas secas em uma mesa do camping, quando ribombou a trovoada:

– *ACEITA UM CAFEZINHO?*

Virei-me, e não vi ninguém. Olhei para baixo, e lá estava o *"seu Mario"* – a estatura de um borracheiro de Autorama. O homem cabia no bolso do gigante que havíamos concebido em nossa imaginação. Mas, embora pequeno em estatura, logo se revelou grande em simpatia, querendo colocar um pouco de sabor em nosso seco desjejum. E passamos a vê-lo outra vez como o gigante que havia provocado aquele alvoroço no camping. O rato sabia como rugir.

MARCO POLO E A CADEIA DE SUPRIMENTOS

HÁ ALGUNS ANOS MARCO POLO já vinha acalentando a ideia, um pouco audaciosa para sua época, de abrir a primeira cadeia de massas rápidas de Veneza. Orgulhoso de seu próprio nome e da fama que o futuro poderia trazer, criou a sugestiva marca de *"Mc Polo's"* para seu empreendimento. A ideia surgiu por ocasião de uma visita a uma feira de negócios na distante China, onde Marco firmou um contrato de franquia com o venerável Ching-Li para a distribuição exclusiva no Ocidente do novíssimo macarrão.

De volta a Veneza, Marco começou a selecionar seus fornecedores. A *Mc Polo's* passava a fazer parte de uma cadeia de suprimentos, algo que os americanos – que ainda não haviam sido inventados na época – viriam a chamar de *supply chain*. A macarronada que o cliente enrolava no garfo começava sua trajetória em um moinho da Sicília, que comprava o trigo em grão de produtores no longínquo Oriente Médio. A entrega da farinha no prazo dependia do relacionamento do moinho com uma tecelagem da Calábria, que fabricava os sacos com fios de ráfia, uma fibra vegetal comprada do Egito.

O azeite era fornecido por uma fábrica grega, que precisava manter um relacionamento bem lubrificado com os produtores de azeitonas para garantir o escoamento do produto. Como o azeite vinha em barris, na cadeia de suprimentos entrava também um produtor da Turquia, uma serraria da Macedônia e uma empresa bizantina produtora de chapas de metal. O sal vinha do norte da África.

Já os ovos chegavam a Veneza trazidos por um fornecedor da própria Itália. A desculpa que costumava dar para a irregularidade no fornecimento era a falta de milho, mas Marco sabia muito bem que o cereal não fazia parte de sua cadeia de suprimentos. O milho só passaria a encher o papo das galinhas italianas bem mais tarde, quando Colombo descobrisse a América. Pelo mesmo motivo o tomate ficaria um bom tempo fora da *supply chain*, limitando o cardápio da *Mc Polo's* à macarronada servida ao alho e óleo. Com alhos provenientes do Egito, evidentemente.

Não demorou para a empresa ter problemas. Marco logo descobriu que só uma rede eficiente de informação poderia garantir o sucesso de seu empreendimento. A *gondolanet* que Marco implantou – uma veloz rede de gôndolas utilizando os canais de Veneza como infovia – formava, no máximo, uma rede interna para seu negócio. A falta de uma comunicação rápida com fornecedores começou a prejudicar seu negócio.

As reclamações dos clientes ficaram ainda piores quando começou a faltar vinho. Ah! havia me esquecido do vinho! Mas deixo para você o exercício de imaginar a *supply chain* desse item, envolvendo desde o fornecedor de uvas, até a vinícola, fábrica de tonéis, produtores de madeira, cintas de metal, garrafas, garrafões, rolhas e rótulos. Além do indispensável chaveiro saca- rolhas, oferecido de brinde aos clientes preferenciais.

Infelizmente, você não vai encontrar o negócio de Marco nos livros sobre empresas centenárias. Ele não durou muito, por falta da Internet para ajudá-lo a manter uma comunicação eficiente com os participantes de sua cadeia de suprimentos. É claro que o transporte dos insumos de seu processo de produção também ajudou a quebrar sua empresa. Nas épocas mais quentes do ano, não era incomum o carregamento de ovos chegar ao estabelecimento já piando, depois de viajar vinte e um dias no sol. Bem que ele pensou em incluir frango assado no cardápio, mas isso iria obrigá-lo a entrar em outra cadeia de suprimentos, com problemas de estoque difíceis de contornar enquanto não inventassem a geladeira.

Ao contabilizar os prejuízos, Marco concluiu que a maior culpada de seu fracasso foi a ineficiência na troca de informações com os fornecedores ao longo de toda a cadeia produtiva. A *Mc Polo's* precisava manter estoques elevados de matéria-prima por conta do atraso com que sua programação de entrega chegava às mãos dos fornecedores. Isso elevava os custos, não só da *Mc Polo's*, mas de todos os participantes da cadeia, inviabilizando a macarronada.

Marco e seus parceiros de negócios não conheciam as vantagens do *affare-per-affare*, expressão usada na Veneza antiga para o *business-to-business*. A Internet teria resolvido esse problema, como tem resolvido nas empresas modernas. Mas ainda são poucas as que entraram de garfo e faca na rede mundial. Mesmo reconhecendo que a falta de competitividade é resultado direto da manutenção de estoques elevados, por culpa de um sistema de comunicação deficiente com fornecedores.

Quando conseguiu pagar todos os credores, Marco ingressou no ramo da marcenaria e passou a produzir janelas. Mas seus problemas voltaram tão logo começou a depender da comunicação com fornecedores de madeira de outras regiões. Na inundada Veneza as únicas árvores que encontrava eram genealógicas.

Mas não foi só a madeira o problema. Havia ainda os pregos, parafusos, colas, ferramentas, dobradiças, fechaduras, tintas e vernizes. E como janelas não são vendidas em cantinas, Marco descobriu que a cadeia continuava com seus representantes espalhados pelo mundo ainda plano de sua época. Apesar de um excelente produto e de uma marca famosíssima – *"Veneziana"* – o negócio fracassou por falta de tecnologia da informação. E de Marco Polo só restou a história.

Push ou *puxe*?

NA ÉPOCA EM QUE BRASILEIRO viajava aos Estados Unidos para comprar calça Lee, um amigo passou vergonha na casa de um americano. O interruptor que acendia a luz da sala, um botãozinho giratório que permitia regular a intensidade da luz no ambiente, era a maravilha tecnológica do momento. Confuso diante de tanta tecnologia, meu amigo ficou tentando descobrir o que fazer com o botão para acender a luz. Do outro lado da sala veio a ordem, em alto e bom som, dada pelo americano: *"PUSH!"*. O cérebro de meu amigo, governado pelo condicionamento criado por anos de língua portuguesa, não titubeou: puxou o botão com força. E, morrendo de vergonha na sala ainda escura, não sabia o que fazer com a pecinha de plástico que agora segurava na ponta dos dedos.

Se você não sabe uma palavra em inglês, e não conseguiu comprar nada em sua última viagem a Nova Iorque porque achou que as lojas que visitou estavam com as portas trancadas, vou dar uma dica que irá ajudá-lo em sua próxima viagem. *"Push"* significa *"Empurre"*. O inglês para *"Puxe"* é *"Pull"*. Conhecer estas palavras poderá ajudá-lo em suas próximas compras, e até evitar que arranque a maçaneta de alguma porta onde esteja escrito *"Push"*.

Estas palavras são também usadas no mundo da comunicação eletrônica. Uma mídia *"Push"* é aquela que *"empurra"* a informação goela abaixo do freguês, sem que este tenha muita participação no processo. Um bom exemplo de mídia *"Push"* é a TV. Usando o tubo de raios catódicos desse eletrodoméstico, as emissoras se dedicam a despejar seu recado a milhões de espectadores ou poltronas vazias em todo o mundo. Esses espectadores e poltronas são incapazes de decidir o que virá sobre eles, e nem podem interagir ou escolher exatamente o que desejam receber. O fato de a TV a cabo permitir um número maior de opções não muda isso. O espectador continua tão atuante quanto a poltrona.

A Internet é um meio *"Pull"* de comunicação. Quem está no comando é o espectador, que só por isso já deixa de ser espectador. É ele quem dá as cartas e determina o que quer encontrar e como vai utilizar aquilo que descobrir. E graças às possibilidades criadas por links, bancos de dados e sistemas, que por sua vez também interagem entre si, o resultado obtido pela ação de um usuário pode ser único entre uma gama de inúmeras associações possíveis. É como se o mouse tivesse o poder de imprimir a digital de seu usuário em cada resultado obtido por sua ação na rede.

Mas não pense que estou falando de Internet como uma forma de entretenimento do tipo *"Você Decide"*. Estou falando de uma revolução que está traçando o perfil do sistema de produção para o século 21. No futuro não será mais o fabricante quem irá determinar o que, como e quando fabricar. O poder de decisão está sendo tirado das mãos do fabricante e entregue ao consumidor, que fará uso dele ao seu bel-prazer. A Internet alcançou a última milha da cadeia produtiva ao permitir integrar o consumidor ao processo, e dar a ele poderes de personalização de produto.

Desde montar minha própria pizza na tela do micro, ou escolher os acessórios que meu próximo carro irá ter, a cada dia estarei apto a interferir mais nos detalhes daquilo que estou comprando. E não se espante se no futuro você puder desenhar até os interruptores de luz de sua nova casa, auxiliado por programas inteligentes que compararão seu projeto com as possibilidades de associação de componentes disponíveis em todo o mundo. Feito isso, o sistema poderá indicar o fabricante mais capacitado a executar seu projeto, preços, formas de pagamento e métodos de entrega mais adequados ao seu caso. Aí será você quem irá decidir se para acender a luz deverá empurrar ou puxar o botão. Mas fique atento. Se o site do fabricante estiver em inglês, e você quiser um botão de puxar, deverá selecionar a opção *"Pull"*. Ou será *"Push"*...? Como era mesmo?!!

FOCO OU MIOPIA?

HÁ ALGUNS ANOS FIZ UMA VIAGEM à Europa em companhia de um amigo norte-americano. Viajando de Londres à Escócia, paramos em uma cidade onde ficaríamos hospedados na casa de um casal de velhinhos muito amáveis, que já haviam recebido meu amigo em outras ocasiões. Eles eram muito gentis e jamais iriam permitir que ficássemos em um hotel.

Quando nos mostraram o quarto, onde dormiríamos por duas noites, comecei a ficar preocupado. É que havia ali uma grande cama de casal, um guarda-roupas... e só. A ideia de dormir na mesma cama com meu amigo norte-americano não me agradava nem um pouco. Todavia fiquei sem jeito de perguntar ao casal se aquele era o costume na Inglaterra, e transferi o problema para a noite.

Quando chegou a hora de dormir, resolvi que o melhor mesmo era deixar a cama para meu amigo, que era mais velho. Peguei um cobertor no guarda-roupas, vesti as roupas mais quentes que tinha e fui dormir no chão. Dormir é modo de dizer. Tremi por duas noites naquele chão gelado e não deixei que meu amigo contasse ao hospitaleiro casal de velhinhos para não desapontá-los.

No último dia, antes de ir embora, dei uma olhada debaixo da cama para ver se não estava esquecendo algum chinelo. E lá estava ela: uma cama dessas de puxar, arrumadinha para mim, com travesseiro, cobertor e tudo mais. Nossos anfitriões devem ter se esquecido de nos avisar e a cama ficou ali o tempo todo, intacta, enquanto eu dormia como um picolé no inverno inglês.

A falta de uma visão mais ampla para enxergar o que está acontecendo em redor é o que leva muitas empresas a sofrerem com a atual geada da falta de negócios. Enquanto tremem com as primeiras lufadas dos ventos de uma nova economia, cujas regras não conseguem compreender, desconhecem que essa mesma economia decorre, em boa medida, dos novos mecanismos e ambientes de negócios criados pela era da informação. E nada está mais diretamente relacionado a isso do que a Internet.

É comum encontrarmos empresas que continuam mantendo a Internet debaixo da cama ao lado, alegando que seu foco não está no uso da rede mundial. E por que deveria? O foco de uma empresa deve estar naquilo que faz bem. A Internet é a ferramenta, o meio, o ambiente, ou qualquer nome que se queira dar, que torna possível a uma empresa participar de forma competitiva na nova economia. Não enxergar isso é pura miopia.

Antes que você pense em contratar alguém para desenvolver um site para sua empresa, é bom entender que ter uma homepage é apenas um começo. A Internet é muito mais que páginas bonitas. Ela é um ambiente de relacionamentos entre empresas, e para isso os sites empresariais devem ser verdadeiros softwares, dinâmicos o suficiente para efetuar negócios na rede.

Enquanto o *e-commerce* voltado para o varejo recebe o maior destaque, é no *business-to-business*, ou negócios entre empresas, que a rede movimenta o maior montante de transações online. Como toda essa atividade ocorre sob a superfície ela acaba não sendo percebida pelo internauta comum. E algumas empresas preferem até não fazer muito alarde das ferramentas Web que lhes estão dando uma boa vantagem em relação à concorrência.

Se o sono causado pelas noites mal dormidas por falta de novos negócios estiver levando você a olhar debaixo da cama em busca do chinelo, olhe um pouco mais longe e irá enxergar a cama arrumada da Internet. Nela você vai encontrar o aquecimento que sua empresa está precisando para suportar o inverno que cairá sobre os incautos.

Se no passado a preocupação do empresário estava no congelamento dos preços, hoje é o congelamento dos negócios que preocupa mais. Continuar fazendo negócios do modo usual, sem perceber as mudanças que estão ocorrendo na nova economia, é morrer de frio. Sem direito a hibernação.

Reumatismo empresarial

Um amigo ligou para contar que planeja abrir uma loja virtual e pediu que eu indicasse algum curso que lhe ensinasse a criar um site de comércio eletrônico. O conselho que dei a ele vale para você que deseja ingressar no *e-commerce*. Ou para o empresário que vai implementar uma estratégia integrando sua empresa com fornecedores e clientes usando a Internet. Regra número um: esqueça a informática e a Internet. Concentre-se no negócio.

O fato de existir hoje uma via de troca de dados como a Internet, e esta utilizar computadores e software, não quer dizer que você precise aprender a lidar com bits e bytes. O que você precisa é saber como lidar com sua empresa dentro desse novo ambiente ou território, que passa a ser o mundo. É muito mais um trabalho de estratégia de negócio do que de tecnologia. Profissionais de informática podem ajudar na análise das ferramentas, mas o uso da Internet nos negócios continua a ser assunto da competência dos diretores e gerentes da área de negócios da empresa. É algo que exige uma resposta rápida às tendências do mercado.

Os negócios eletrônicos serão cada vez mais negócios e menos eletrônicos. Muito em breve será difícil encontrar um elo da cadeia produtiva que não seja influenciado pela Internet para a troca e valorização de informação. Para o empresário da nova economia é mais importante entender como usar a Internet para estreitar as relações entre parceiros em sua comunidade de negócios, do que entender de informática. Há muito que as montadoras de automóveis descobriram a importância do trabalho colaborativo, investindo em seus fornecedores e distribuidores para que o conjunto todo fosse eficiente.

Uma colmeia ilustra bem o que estou querendo demonstrar. Cada abelhinha tem sua própria produção, atua em diferentes posições, mas compartilha de um objetivo comum, que é o fortalecimento e expansão da colmeia como um todo. Sei disso porque já criei abelhas. Logo de início constatei que minhas abelhas tinham um nível de escolaridade baixíssimo. Eu havia lido todos os livros que encontrei sobre o assunto, mas elas não leram nenhum. Faziam tudo diferente do que estava escrito. Consegui formar quatro caixas com colmeias, as quais ficavam sobre uma mesa de madeira, cujos pés estavam dentro de latas com óleo queimado, para evitar o ataque das formigas, grandes adversárias das abelhas.

Apesar de todos os meus cuidados, as formigas descobriram um meio de chegar às colmeias e destruíram os favos, expulsando as abelhas. Examinando o lugar, descobri que havia uma única folha de capim que, quando balançada pelo vento, encostava-se à perna da mesa. Na folha, uma fila de formigas aguardava a vez da abordagem. Como piratas saltando para o navio conquistado, a cada balanço da folha duas ou três formigas alcançavam a mesa. Se eu entendesse o idioma das formigas, tenho certeza de que teria escutado a voz da gerente de novos mercados dizendo, *"um passinho à frente, por favor"*.

O conhecimento da direção do vento, e a criatividade aplicada a esse conhecimento, levou a comunidade das formigas a expulsar a comunidade das abelhas do mercado. Também nos negócios, a competição passou a ser entre comunidades de negócios, e não entre empresas isoladas. Na nova economia, o uso da Internet para fortalecer o vínculo entre os elos de uma comunidade de negócios pode fazer a diferença entre a vida e a morte de uma empresa. As empresas mais reumáticas, com suas articulações duras e de lenta adaptação, tendem a desaparecer. Sem direito ao prêmio de consolação que tive com minhas abelhas.

Explico. Além da experiência que ganhei como apicultor, também melhorei minha saúde. Não que tenha conseguido consumir o mel ou a geleia real de minha produção. Mas se for verdade que veneno de abelha ajuda a evitar o reumatismo, meu prêmio de consolação é a tranquilidade de saber que deste mal não morrerei.

A INTERNET E A COMUNICAÇÃO SEM PAPEL

QUANDO SAÍA PARA IR À COMDEX, perguntei ao meu filho se queria que eu comprasse algum livro de informática em uma das livrarias da feira. Respondeu que não, pois estava conseguindo bons textos de programação na própria Internet e seu notebook lhe dava a mobilidade necessária para ler em qualquer lugar. E quando ele fala em mobilidade, pode acreditar. Não é incomum vê-lo levar o notebook ao banheiro, ou ficar digitando na cama com o micro sobre a barriga.

Esses novos hábitos demonstram a revolução que a Internet está causando na leitura e no uso do papel de uma maneira geral. Hoje uma das molas que impulsionam o comércio na Internet é a venda de livros, e a possibilidade do próprio livro, jornal ou revista vir em formato eletrônico já é uma mudança histórica causada pela entrada da rede em nossa vida.

Já é possível adquirir livros eletrônicos para serem lidos em dispositivos próprios para isso. Você paga online, obtém permissão para retirar o arquivo e depois o transfere do micro para a memória de seu equipamento para leitura. O mercado já oferece diversos desses dispositivos usados para a leitura de livros eletrônicos, ainda sem um padrão único. Aquele que conseguir se impor como padrão poderá definir nossos hábitos de leitura no futuro.

Não apenas os livros, mas jornais e revistas já têm suas versões online. E outras formas de textos e documentos vão seguindo o mesmo rumo, causando uma revolução também nas empresas e repartições públicas, onde o documento eletrônico chegou para ficar. Receitas médicas, processos e guias de pagamento de taxas e impostos já ganham suas versões eletrônicas. Se a preocupação com a burocracia era que o mundo pudesse acabar em papel, podemos dormir tranquilos Se depender da Internet, essa ameaça está afastada.

Aliás, um pretenso fim do mundo foi também o assunto em pauta na Internet, quando esta permitiu que todo o mundo acompanhasse um eclipse online. Na ocasião, pelo menos quatro notícias que li na Web faziam alarde do eclipse. E curiosamente, citavam a cidade de Alto Paraíso de Goiás, aparentemente a cidade com maior concentração de místicos do território nacional e prato cheio para repórteres em ocasiões assim.

Estive lá pela primeira vez no final da década de 70, quando o lugar ainda não estava na moda. A julgar pela experiência que passei, posso afirmar que a falta da Internet e a necessidade de se utilizar papel trazia, na época, dificuldades até na comunicação interplanetária. Corro o risco de ser apedrejado por algum ufologista mais exaltado, mas a história é curiosa demais para deixar de ser contada.

Há em Alto Paraíso uma montanha conhecida por Monte da Baleia, por causa de seu formato. Como naquela época meu físico ainda não lembrava a montanha e eu era capaz de escalar mais que um lance de degraus, um rapaz que apareceu por lá, e dizia se comunicar com extraterrestres, pediu que eu o acompanhasse ao cume. Segundo ele, um disco voador iria passar sobre o local e o melhor ponto para ele fazer um contato telepático seria o pico da montanha. Não me pergunte o por quê de ele precisar subir algumas dezenas de metros para receber uma transmissão vinda de uma nave a milhares de quilômetros no espaço.

O rapaz disse que iria psicografar a mensagem que iria receber dos ETs. Como em 1978 ainda não existia Internet, email ou ICQ, tudo o que ele levava era um lápis e uma folha de papel para anotar a mensagem proveniente do espaço. Lá fomos nós em direção ao cume, com uma breve parada no caminho para que meu amigo fizesse suas necessidades terrenas. Com a privacidade garantida por uma pedra suficientemente grande para esconder de meu campo de visão o autor e sua obra.

Quando chegamos ao cume, aguardei, curioso, que ele começasse seu processo de comunicação e psicografia. Mas nada aconteceu. Depois de uma boa olhada ao redor, o rapaz disse que já poderíamos descer. A essa altura, morto de curiosidade, perguntei se não iria psicografar a mensagem. Até hoje dou boas risadas quando me recordo do detalhe técnico que impediu aquele contato com os ETs. Ele tinha usado todo o papel.

NEGÓCIOS MÓVEIS

DENTRE AS MUITAS LEIS DE MURPHY, deve existir uma que diz que o número de pessoas solícitas que aparecem para empurrar um carro quebrado é diretamente proporcional à inclinação do terreno. Se o carro quebrar na descida, sempre vai encontrar alguém para dar um empurrãozinho. E se você for jovem e bonita, aí uma centena de consumidores de esteroides disputarão cada palmo da lataria de seu fusca. Mas se for na subida, seu carro vai ter que ficar imóvel até a chegada do guincho.

Esta lei se aplica também à Internet, onde os primeiros negócios de sucesso foram justamente aqueles que já estavam na descida e em ponto-morto. Bastou um empurrãozinho tecnológico para que ninguém mais conseguisse segurar. O exemplo clássico disto é o livro, um produto que há anos já era vendido pelo correio. Antes mesmo de eu nascer, meu pai já participava de um clube do livro, que fazia de cada lançamento um meio de cativar e garantir o público para o lançamento seguinte. Embora a rede não existisse nem em seus mais arrojados volumes de ficção, eles sabiam que não bastava vender. Era preciso manter um link constante com o cliente, atendendo e excedendo suas expectativas a cada lançamento.

Mas se a tradicional venda de livros pode ser transportada para a Internet com status de caminhão velho em ladeira – sem calço na roda – o mesmo não se pode dizer de outros produtos que precisam ser vistos, tocados ou experimentados antes da compra. É o que acontece com sites de vendas de móveis. Estão apostando nas desvantagens identificadas nas compras em lojas de móveis convencionais. Perceberam que os clientes costumam ser casais sem tempo, que gastam cinco ou seis finais de semana carregando crianças choronas no colo, até conseguir encontrar o que procuram.

Já que não podem competir com as vantagens das lojas convencionais, concentram-se assim nas desvantagens encontradas nas compras convencionais. O cliente tem pouco tempo? Uma loja na Internet, funcionando 24 horas por dia, é ideal para se fazer compras até de madrugada. O cliente reclama de precisar percorrer uma grande loja até encontrar o que quer? Um sistema de busca rápida, por tipo de móvel, cômodo ou detalhes como o tipo de madeira ou tecido de revestimento pode ajudar.

Ao invés usar toda a tecnologia que existe para sites de Internet, é importante primeiro entender as necessidades dos consumidores. E depois sair à procura da tecnologia que resolva o problema. Oferecendo descontos em compras futuras, ou o uso de funcionalidades exclusivas como um sistema para projetar a decoração dos cômodos, uma empresa pode convencer seus visitantes a se cadastrarem no site. Isto cria o vínculo com o visitante, e pode se transformar em um relacionamento de longo prazo.

Não importa se você vende livros ou móveis. Se desapontar o cliente, sua empresa acabará imóvel como um caminhão quebrado na subida, sem ninguém para empurrar. Se começar a se mover, é provável que seja para trás, e aí ninguém segura.

Foi o desapontamento que levou meu pai a abandonar o clube do livro do qual era cliente na década de cinquenta Na ânsia de publicar qualquer autor que lhe caísse nas mãos, a empresa acabou lançando um grosso volume de suspense, desses de fazer inveja a Hitchcock. Curioso para descobrir quem era o assassino, meu pai passou uma noite em claro, devorando as últimas páginas do livro. Perto do desfecho, ao virar a última página, com a adrenalina no máximo, encontrou uma *"Nota dos Editores"* que dizia: *"Lamentamos informar que esta obra permaneceu inacabada em virtude da morte do autor"*.

MEU CARRO SUJO DE BARRO

MEU PRIMEIRO AUTOMÓVEL foi um Alfa Romeo Giulia GT Junior 1300 cc, branco, modelo esporte, lindo. E tinha aquela luzinha pisca-pisca, parecendo um botão colorido, na lateral dianteira. Pelo menos era assim que eu enxergava meu Ford Corcel Sedan 74, depois de furar a lataria e instalar o pisca-pisca, única semelhança com a máquina italiana. Ter meu próprio carro foi minha liberdade incondicional por bom comportamento. Adeus às caminhadas, adeus ao ônibus ou ao carro do pai. Agora eu podia esnobar, girando no dedo o meu próprio chaveiro.

Motorizado, eu podia passar rapidamente a tropa em revista – exibir minha ilustre presença nos vários pontos da cidade onde a turma costumava ficar. Ou simplesmente estacionar onde a conversa estivesse mais interessante, encostado no Corcel e levemente inclinado sobre o capô. Se você já foi jovem, conhece todas as poses. E se tiver a minha idade, aposto como fez isso de calça boca-de-sino.

O mais importante era poder me relacionar com muito mais gente em muito menos tempo. Bastava eu decidir, e o *corcelzi-*

nho já estava dando partida e seguindo rumo a novas amizades. Na mobilidade estava o segredo do sucesso, uma filosofia bastante explorada pela própria indústria automotiva e pela cultura que esta criou na civilização como a conhecemos hoje.

A história parece mostrar que há muito tempo a indústria automobilística acelera em busca de melhores sistemas de comunicação de dados para otimizar seus processos e reduzir seus estoques. Estoques nada pequenos ou simples de se gerenciar, pelo grande número de itens envolvidos. Se todo mundo sabe com quantos paus se faz uma canoa, pouca gente sabe com quantas peças se monta um automóvel.

Correr no mesmo ritmo das montadoras, e entregar dentro dos prazos, tem sido o desafio que os fabricantes de autopeças vêm tentando resolver. Hoje a comunicação de dados entre as grandes montadoras e seus principais fornecedores é feita por *EDI*, ou *Electronic Data Interchange*. Mas, à medida que nos distanciamos do produto final, parece que cada vez menos fornecedores estão em condições de suportar os custos de um *EDI* tradicional. Talvez seja esta a razão do sucesso que o *Web EDI* tem alcançado na indústria automotiva.

A Internet veio ajudar a pavimentar a estrada da comunicação desse segmento, tapando definitivamente os buracos que antes eram entulhados pelo fax, telefone ou carta. Na cadeia de suprimentos do setor, qualquer fabricante já pode girar no dedo o chaveiro de um *Web EDI*, e fazer pose. Mas isso ainda não é o Alfa Romeo de um sistema de relacionamento entre empresas, que explore toda a potencialidade da Internet.

Enquanto algumas empresas começam a arranhar o Web EDI, outras ainda veem a Internet como moda e, para não ficarem de fora, conectam seus micros, distribuem contas de email entre os funcionários, e publicam uma bela homepage. Mas a diferença entre isso, ou até uma simples troca de dados via

Web, e um ambiente que integre toda a cadeia de suprimentos usando a Internet é tão grande quanto a distância que separava meu Corcel real do Alfa virtual. Quem estacionou sua estratégia de tecnologia da informação neste ponto da estrada, não resolveu nem metade do problema. Só deu um polimento na parte visível do negócio. Quando for completar o serviço, verá que perdeu tempo e oportunidades.

Foi o que aconteceu comigo, após voltar de uma pescaria no rio Pirassununga com meu Corcel coberto de barro. Meu pai, cansado de pedir para que eu lavasse o carro, resolveu o problema com a criatividade e o bom humor que lhe eram peculiares. Um belo sábado, na hora de meu passeio habitual pelos lugares da moda, vi pela janela o meu Corcel, limpo e brilhante. Meu pai havia lavado o carrinho. Corri tomar um banho, vesti minha melhor roupa e... caí do cavalo. Neste caso, do Corcel. Ao sair de casa descobri que meu pai havia lavado exatamente a metade do carro visível da janela. Passear com o carro daquele jeito seria me expor ao ridículo. E, enquanto trocava de roupa para completar o serviço, só me restava lamentar o tempo e as oportunidades que estava perdendo.

Pra ver a banda larga passar

Quem gostaria de saber como seria o ano 2000 teve sua curiosidade satisfeita sem maiores contratempos. Quem se preocupou pouco com o *bug* não teve grandes problemas. Quem se preocupou muito ficou com um problemão para resolver. Descobrir como consumir tanta comida em conserva e queimar tantas velas armazenadas. Nos Estados Unidos, após a virada do ano algumas instituições de caridade sugeriam que a comida fosse doada para os menos favorecidos. Só não estavam aceitando as armas, roupas camufladas e os kits de sobrevivência na selva, daqueles que esperavam pelo pior.

Após a virada do ano, a expressão mais usada nas empresas era *"o pior já passou"*. A mesma usada por um amigo que, após a cerimônia de casamento, exclamou aliviado: *"O pior já passou!"*. Engano. Quem é casado sabe que os problemas só estavam começando. Após meses envolvidas com medidas contra o *bug*, as empresas começaram a olhar a Internet com mais carinho. Descobriram que esta não era mero entretenimento, mas que se podia até fazer compras por meio dela. Mas se o cliente já ia à loja via Web, como é que a loja chegaria à fábrica? E a fábrica até a outra fábrica? Enquanto o varejo aproveitava o recreio para festejar os negócios virtuais, era chegada a hora da prova dos negócios entre empresas.

Duas tendências fortes acabaram definindo o cenário: a conexão permanente e a banda larga. As empresas com Internet 24 horas sabem da influência que isto tem nos negócios e na cultura da empresa. A disponibilidade da informação imediata, a facilidade de comunicação interna e externa, e a possibilidade de se integrar a fornecedores e clientes, são elementos de uma nova cultura empresarial. Imagine tudo isso dentro de uma comunicação de dados mais rápida. Os benefícios mais evidentes ficam por conta de uma maior terceirização de serviços de informação que exijam grandes volumes de processamento de dados.

Para o usuário doméstico, a aposta da indústria de entretenimento é que a banda larga transforme a Internet em uma TV interativa. Vamos com calma, pessoal. É importante lembrar que Internet já surpreendeu muita gente. Mesmo com a possibilidade de vídeo em tempo real, acredito que o mouse não irá virar um mero controle de canais. Quem me mostrou isso há poucos dias foi minha filha. Quando perguntei por que estava jogando fora algumas apostilas e trabalhos da faculdade, respondeu: *"Se precisar, eu pego na Internet"*. Sempre haverá uma Internet ali, pronta para ser pesquisada, lida, e utilizada como meio de comunicação entre pessoas.

Vamos adiantar o relógio e imaginar que você já tenha uma conexão em banda larga. Você gosta de gatos e acessa o site do Discovery para assistir um documentário fantástico sobre felinos. Visita o site da Britannica e aprende tudo sobre os bichanos em uma enciclopédia multimídia, com direito a vídeo em 3D, miados e até cheiro de pelo molhado. Entra em uma loja virtual de produtos para animais e uma vendedora aparece na tela oferecendo um tapa-ouvidos para você conseguir dormir ao som de ninhadas ou fêmeas no cio. Satisfeito? Não. Você irá querer pesquisar mais e achará aquele site da dona Fernanda, com uma receita incrível para evitar queda de pelos em seu bichano. E vai querer participar da lista de discussões felinas que ela promove, só para aprender e conhecer pessoas. Sem vídeo, sem som, sem estúdio, sem comerciais ou artistas de Hollywood, sejam eles gatos ou gatas.

Acredito que a Internet continuará a nos surpreender. Se ela tivesse começado nas mãos dos grandes conglomerados de comunicação, tudo teria sido diferente. Estaríamos *assistindo Internet*, ao invés de *entrando* nela. Mas não foi assim. Apesar dos maciços investimentos, da alta tecnologia e do dilúvio de conteúdo hollywoodiano que fatalmente invadirá uma Internet de banda larga, a rede continuará com aquelas características peculiares que já conhecemos. Porque até as crianças sabem que às vezes é mais gostoso brincar com a caixa do que com o moderno brinquedo a pilha.

DESAFIANDO AS PROBABILIDADES

TODOS ADORAMOS ESTATÍSTICAS, mesmo sabendo que 43% delas não podem nos ajudar. A julgar pelas estatísticas, o McDonald's nunca teria dado certo no Brasil. Antes de o BigMac desembarcar na terra do "Churrasquinho", as estatísticas deviam mostrar que, dos brasileiros comiam fora de casa, 100% eram amantes do arroz-feijão, preferiam um prato-feito 150% cheio, e achavam que sanduíche tinha que ser 99% bife e 1% pão francês. Você ousaria competir em um mercado assim com um sanduíche de carne moída, com pão de batata e uma rodela de picles, a preço de prato comercial?

Para não correr riscos, corremos para as estatísticas. Vemos o que está dando certo e simplesmente imitamos com outras cores. Mas na Internet os negócios bem sucedidos só existem porque não imitaram. Foram iniciativas únicas em sua concepção. Enquanto a maioria estava fazendo uma autópsia dos negócios existentes, tentando transplantar para a rede os órgãos já desgastados dos negócios offline, os pioneiros da nova economia davam à luz novos negócios. E, assim como acontece com as pessoas, o mercado sempre preferiu frequentar maternidades a velórios.

Em um ambiente de mutação rápida como é a Internet, quando as pesquisas ficam prontas e mostram onde é bom investir pode não ser mais. Lembro-me de quando os comerciantes acordaram para as estatísticas do aumento da longevidade em nosso país. Virou mania abrir loja de produtos ortopédicos e de higiene para idosos. Em um único quarteirão, em minha cidade, havia três lojas, seguidas de mais duas em um raio de duzentos metros. Obviamente nem todas chegaram à terceira idade.

É importante ter em mente que todo mundo tem igual acesso às estatísticas. Comece um negócio levando em conta apenas as estatísticas e você vai descobrir que entrou em um mercado que mais se assemelha ao filme *"101 Dálmatas"*. As estatísticas podem ser uma ótima ferramenta, mas serão uma péssima bússola se a criatividade não entrar na receita. E a criatividade que produz os grandes negócios é como a cozinheira que prepara o almoço enquanto todos ainda estão tomando o café da manhã. Ele fica pronto na hora exata da próxima fome.

Uma dessas ideias que causou furor foi o Napster.com. Sem entrar no mérito da questão dos direitos autorais ou da segurança do sistema contra invasões, a ideia é fantástica. Um programa que cria um ambiente de troca de arquivos de músicas no formato MP3. Ao usar o programa, você permite que pessoas de todo o mundo façam downloads das músicas em formato MP3 armazenadas em seu micro. É claro que você também pode fazer o download de milhares de músicas que estão nos micros de outros participantes da rede.

Não é a música que interessa aqui, mas a possibilidade da tão sonhada computação em rede, onde a rede é o computador. Ao invés de alguns servidores espalhados pelo mundo, cada computador pessoal passa a ser também um servidor nessa grande rede. Há programas que já fazem uso deste conceito, utilizando a capacidade ociosa de milhares de micros pessoais ligados à Internet, para o processamento de cálculos complexos demais para serem feitos por uma única máquina.

Os grandes negócios virtuais são grandes ideias que antes eram impossíveis sem a tecnologia de computação em rede. Se você conhece um problema e sabe como resolvê-lo com uma nova tecnologia, pode ter em mãos um bom negócio. Mas para conseguir o extraordinário, não bastará acrescentar um "extra" ao "ordinário". Se fosse assim eu teria grandes chances de competir no mercado de fast-food lançando um hambúrguer quadrado para caber melhor na caixinha.

Não sei qual será a próxima grande ideia de negócio na Internet, mas tenho certeza de que será algo que aparentemente estará indo contra todas as possibilidades. Talvez inventado por algum garoto que não sabia que sua ideia seria impossível, ou alguém que não teve acesso a todas as pesquisas e estatísticas e ousou desafiar as probabilidades. E dedicou 187% de sua energia ao negócio.

UMA CASA MUITO ENGRAÇADA

NOS ÚLTIMOS POUCOS ANOS de Internet, as listas de discussão por email ajudaram a formar comunidades virtuais que se transformaram em grandes geradores e disseminadores de conhecimento. Sou o moderador de uma lista assim, chamada WideBiz List, que reúne profissionais de diversas áreas com interesse em negócios na rede. Ali o pessoal se reúne para discutir, trocar informações e criar parcerias de negócios, mesmo sem nunca terem se encontrado fora do mundo virtual. Ao contrário de um *chat*, ou bate-papo online, o diálogo por email permite que se tenha mais tempo para ler, refletir, pesquisar e responder. Com calma, ou sem ela se o assunto for polêmico.

Alguém menos acostumado ao convívio virtual pode achar isto um desperdício de conhecimento que poderia se vendido na forma de consultoria. Quem pensa assim ainda não enxergou o valor de uma amostra grátis. A amostra dá uma ideia clara do que o profissional ou a empresa tem a oferecer. Primeiro dar, depois receber, tem sido o lema desde o início da Web. Na rede, distribuir conhecimento grátis não é caridade. É marketing. Os laboratórios farmacêuticos entendem do assunto. Há décadas seus representantes visitam profissionais de saúde, levando malas cheias de irresistíveis amostras grátis. Ao invés de fazer caridade, defendem os frascos e comprimidos.

Por isso existe tanta coisa grátis na Web – software, música, games, revistas e até conhecimento profissional. O conhecimento é o produto do profissional, portanto nada mais óbvio do que distribuir amostras grátis daquilo que vende. Além das listas de discussão, outra forma eficiente de marketing para o profissional é a disseminação de seu conhecimento também em entrevistas online e artigos espalhados pela rede. O melhor slogan hoje para qualquer pessoa ou empresa promover seu trabalho na rede é, *"eu falo e assino embaixo"*. Com endereço de email e link para seu site na assinatura, evidentemente.

A falta dessa consciência do trabalho em rede não cria dificuldades apenas para o profissional que quer debutar na nova economia. Isso dá um trabalho tremendo para as empresas de recursos humanos que procuram profissionais com cabeça de Web. Nada mais natural, se entendermos a transição que nossa sociedade está vivendo.

Imagine que você é um headhunter vivendo no século 18. *"Tem alguém aí que saiba tocar uma indústria?"*, pergunta você a um grupo de camponeses. *"É como tocar gado?"*, indaga um interessado. A versão contemporânea disto é o anúncio de jornal solicitando que os currículos sejam enviados por email. Um candidato a profissional Web liga e pergunta, *"Posso enviar por fax?"*

No início da Internet, pensava-se que nas fileiras dessa revolução só haveria lugar para profissionais de informática. Afinal foram eles que criaram a estrutura que tornou viável a rede. Mas o que ficou claro é que o profissional da nova economia precisaria ter uma formação mais eclética. Precisaria ser alguém que entendesse como se relacionar em uma sociedade conectada, como usar um bem intangível, a informação, para produzir bens tangíveis e gerar riqueza.

O profissional *plugado* deve ter uma visão macro de negócios. Não basta ser alguém que utilize a Internet. Se olhar para ela como quem olha para uma enciclopédia em CD ou um novo game, esqueça. No século 18 todo mundo usava chaleira. Mas poucos enxergaram nela a locomotiva.

Não é incomum uma empresa de Internet contratar um profissional que parece entender do assunto, para depois descobrir que falta o recheio. Geralmente é aquele que adota um vocabulário *pontocom* para tentar mostrar que entende do assunto. Mas logo se percebe que ele age para com a Web como um leigo em exposição de arte moderna. Faz que entende, dá dois passos para trás, respira fundo, e comenta para as pessoas ao lado:

– *Incrível, não? Que cores! Que forma! Que detalhes!"*

Até que alguém mais corajoso avisa:

– *Moço, isso aí é a porta!".*

Na lista de discussão WideBiz, médicos compartilham o futuro da telemedicina e os cuidados para quem faz teletrabalho. Profissionais de marketing ensinam como uma empresa pode ser vista na Web. Jornalistas divulgam as entrelinhas das notícias. Advogados, alertam para questões legais dos negócios virtuais. E há até arquitetos, como eu. Mas o que faz um arquiteto ali?

Bem, na falta de uma explicação melhor, diria que tento projetar uma comunidade na Web. Algo parecido com a casa da música do Vinícius. Ela pode ser *"uma casa muito engraçada"* para alguns, por não ter paredes, nem teto, nem chão, nem nada. E nem pinico pra fazer pipi. Mas, como a música ensina, nenhum profissional vai poder dormir na rede, nesta casa feita com muito esmero. Senão vai acabar na rua. A rua dos bobos, número zero.

ABRINDO NOVAS PORTAS

MEU TIO COSTUMAVA CONTAR uma história passada em sua cidade, na década de 50. Procurado por um cliente que nada entendia de automóveis, e que queria comprar um carro quatro portas, um vendedor ofereceu-lhe um modelo ano quarenta e alguma coisa. Como todo bom automóvel usado, era de um único dono, que só usava o veículo para levar os filhos à escola, etc, etc. E o carrinho parecia mesmo bem conservado, graças a uma reforma após atropelar uma vaca. Mas havia um detalhe: era um cupê, um modelo duas portas.

Chateado por não encontrar no carro todas as portas que queria, mas deslumbrado demais com a compra do primeiro carro, o cliente acabou aceitando a explicação do vendedor. Segundo este, qualquer funileiro da cidade poderia acrescentar mais duas portas ao veículo. E o custo final ficaria bem abaixo do que ele teria pago por um modelo quatro portas. Foi só depois de comprar o carro e peregrinar pelas oficinas do lugar que o pobre homem se convenceu de que havia sido logrado. Mas aí ele já tinha virado motivo de piada na cidade.

Hoje, aquele comprador iria poder usar a Internet para montar seu carro na tela do computador, com quantas portas quisesse. Se naquele tempo o cliente era obrigado a engolir o que a indústria tinha a oferecer, hoje as regras mudaram. Quem produz descobriu que é um ótimo negócio ouvir o cliente. E, quanto mais perto o ouvido da indústria estiver da boca de quem compra, melhor será a qualidade da resposta e maior a fatia de mercado conquistada.

Graças à Internet o cliente já pode exercer sua influência, desde o desenvolvimento do produto até a entrega, deixando sua marca ao longo de toda a cadeia de suprimentos. Na nova economia, o clicar do mouse de um cliente conectado à Internet tem o poder de acionar o processo produtivo. Ao invés da fábrica determinar quantas portas o carro vai ter, é o cliente quem vai decidir isso. E seu recado vai chegar até mesmo aos fabricantes de maçaneta que fornecem para a montadora. Agora, quem abre as portas para novos negócios é o cliente.

Um processo de fabricação totalmente integrado, dentro de uma *supply chain* com clientes e fornecedores interagindo como se estivessem na sala ao lado, é hoje prioridade na indústria automobilística. Os fabricantes querem seguir o exemplo de empresas de hardware que já conseguem montar um micro em poucas horas, seguindo as especificações clicadas pelo cliente. E tendo como único intermediário o correio ou a transportadora.

Segundo as palavras de Richard Wargoner Jr, presidente da General Motors, *"a Internet altera fundamentalmente o modo como o negócio é conduzido"*. Ainda segundo Wargoner, a GM pretende investir pesado na Internet, *"para aprimorar o modo como nos relacionamos com o cliente"*. Se tudo correr nessa direção, ainda veremos a indústria automobilística eliminar pedágios na viagem que o veículo faz da fábrica ao consumidor final. É o vale-tudo da redução de custos para não perder mercado. Mas o que acontecerá aos revendedores, se os clientes puderem comprar direto da fábrica?

A resposta dada a um repórter por Mark T. Hogan, eleito vice- presidente da GM e líder do projeto e-GM, não deixa dúvidas: *"Eles são homens de negócios"*, declarou Hogan, *"e alguns talvez não concordem. Nesse caso, terá que haver a separação"*. Desaparece o revendedor? Não creio, se ele entender que seu produto nunca foi o carro, mas o conhecimento que tem do mercado e de como interagir com ele. Aqueles que souberem fazer uso desse conhecimento descobrirão novas portas de negócios.

E, por falar em portas, o nosso amigo da história que contei acabou se acostumando com seu carro de duas portas. Mas por um bom tempo precisou suportar a gozação e o aborrecimento de ter que lavar seu veículo com uma frequência maior que o normal. É que todas as manhãs duas novas portas apareciam nas laterais de seu carro, desenhadas a giz pela criançada a caminho da escola.

CONFIDÊNCIAS DE UM PROFISSIONAL PONTO-COM

QUERIDO DIÁRIO,

São quase 5 da matina. Perdi o sono há uma hora. Tudo porque fui inventar uma lista de discussão por email. Sabe como é, um fórum de debates. Comunidade de negócios. Uma tal de WideBiz, que acabou cheia de loucos. Loucos de entusiasmo.

A ideia era reunir meia dúzia de profissionais para debater *e-business*. Eu seria o *"GM"* do fórum. O *"Grande Moderador"*. Sacou, querido Diário? O mais igual dentre os iguais. Mas deu tudo errado. De meia dúzia, a comunidade chegou a mais de mil pessoas, nas duas versões da lista. E para estragar minha festa, surgiram vários talentos. De *"GM"* passei a *"PM"* - *"Pretenso Moderador"*. Enquanto eu pretendia moderar, o pessoal já tinha dado conta do recado. Não sobrava nem um pouquinho para o ego dizer: *"Olhaí, pessoal, quem manda aqui sou eu!"* Que nada. A coisa tomou vida própria.

Com tanta gente escrevendo bem, a saída foi convidar o pessoal para escrever para o site da empresa. Matava dois coelhos com uma cajadada. Ou com uma teclada. Eles tinham seus nomes e talentos promovidos e o site da empresa ganhava conteúdo. *Fifty-Fifty*. *Ganha-Ganha*. *Bom-Para-os-Dois*. Ou qualquer chavão de negócios que você prefira usar.

Mas isso também deu errado. Você conhece aquela história do rapaz que era tão feio, mas tão feio, que os vizinhos diziam que havia sido um erro médico? Que tinham jogado fora o filho e criado a placenta? Pois é. Aconteceu parecido. Não jogamos nada fora, e nem o resultado foi feio, mas o filho não planejado ficou grande demais para continuar no site corporativo. Começou a interferir na imagem da empresa.

Foi aí que surgiu o WideBiz.com.br. Um site que passou a derramar conhecimento pelas bordas e criou vários relacionamentos de negócios. Uma dessas comunidades que todo mundo diz que vale ouro na Internet. Apareceu até na TV, com status de "pontocom", como a Amazon. Mas o site WideBiz ainda não deu lucro. Como a Amazon.

Criamos até o WideBiz Network, para empresas e profissionais da comunidade mostrarem a cara. Com a promessa de uma versão WAP. Para ser usada naquele celular que no começo quase ninguém comprou, e menos gente usou. Mas que todo mundo dizia que um dia iria comprar. Como BMW. Ninguém tem. Mas que vai ter, vai!

Mas você pensa que os *widebizers* ficaram sentadinhos, comportados, enquanto a gente corria por aqui? Nada! Foi só eu virar as costas e o pessoal já estava zumbindo que nem abelha em orelha de criança. Organizaram uma tal de First Tuesday WideBiz. Que alguém até sugeriu que deveria acontecer numa Last Friday. A coisa vingou e aconteceram encontros de *widebizers* em algumas capitais. Perdi o controle!

Sinto-me atropelado, querido Diário. Como se estivesse passando em frente ao portão do estádio quando alguém decidiu que o jogo do Corinthians iria ser grátis. Portões abertos. E eu, que nem gosto de futebol, já no meio do campo, empurrado pela multidão.

Como desgraça pouca é bobagem, hoje o teclado de meu notebook parou de conversar. Ou de teclar. Eu estava no ICQ batendo papo com um russo que insistia ser bom negócio trazer para o Brasil um serviço de diagnósticos via Web. Eu disse que se fizer isso aqui, vai ficar ruço. Ele não entendeu. Aqui, nem médicos, nem advogados podem trabalhar via Web. Só se for com teclado mudo. Como o do meu notebook.

Depois do russo entrou um rapaz do Egito. Quase nem conversei porque foi aí que o teclado travou. Deve ter entrado areia. Teclou suas últimas teclas e morreu. Mumificou. Agora preciso descobrir como tirar do notebook a apresentação que preparei para uma palestra que vou fazer. Tenho certeza de que vai dar tudo ao contrário. O microfone vai pifar. O projetor vai apagar. O Windows vai funcionar.

Vou ficando por aqui, Diário. Não conte a ninguém o que confidenciei aqui. Nem que ainda não descobri uma fórmula do WideBiz dar lucro. Pelo menos do lado de cá. Porque do lado de lá, os *widebizers* estão rindo à toa com negócios e parcerias conseguidas na comunidade. E eu, que vivo dando conselhos de negócios, não consigo fazer este render! Se descobrirem, ninguém vai ler meus artigos. Irão pensar que não entendo do assunto. Mas... entendo?

YES, NÓS TEMOS BANANA

SE A SUA ÁREA DE ATUAÇÃO na Internet é tão diversificada que você leva um bom tempo para explicar a alguém o que faz, é melhor começar a rever seu plano de negócio. Quanto mais tempo você gastar falando do que faz, menos tempo terá para fazer. E se a cada dia precisar falar mais, irá fazer cada vez menos, até o ponto de falar o tempo todo de coisa nenhuma.

É normal que o novo empreendedor, deslumbrado com o mundo de possibilidades que a Web oferece, acabe colocando o foco de seu negócio em lugar nenhum. Ao invés de se concentrar em um nicho de mercado e abrir, digamos, uma modesta barraca de bananas, vai logo querendo ser o rei da variedade. É melhor ter a banana que nenhum outro tem, e que sua clientela adora, do que ter a variedade que todo mundo oferece, em um mercado que está dando uma banana para os seus esforços. Quem já teve quitanda sabe o que é tomar vitamina todos os dias.

A história dos três alfaiates ilustra bem o poder do nicho. Vizinhos em uma mesma rua, o primeiro resolveu ser mais do que realmente era, colocando na porta de sua alfaiataria a placa: *"O Melhor Alfaiate do Mundo"*. O segundo não deixou por menos. Logo sua loja ganhava uma placa ainda cheirando a tinta: *"O Melhor Alfaiate do Universo"*. O terceiro não se desesperou. Pintou com calma sua placa: *"O Melhor Alfaiate da Rua"*.

Na Web, a rua onde estará seu negócio virtual já é do tamanho do mundo. Mas seu negócio não precisa ser do mesmo tamanho. A menos que você seja um grande investidor, é melhor pensar em atuar em nichos de mercado. É melhor ser a mais completa barraca de bananas, do que ser o mais incompleto supermercado do mundo.

Felizmente, até no comércio convencional ainda existem nichos que dependem de um alto grau de especialização, algo difícil de ser encontrado em grandes empresas. É por esta razão que ainda encontramos os pequenos centros de conhecimento, frequentados por clientes exigentes e habituais. São pessoas que não procuram apenas pelo produto, mas pelo conhecimento envolvido no seu consumo. Atendendo aos respectivos nichos, as lojas de produtos filatélicos, aeromodelismo, alimentos naturais, tabacarias ou armarinhos sobrevivem heroicamente ao lado dos grandes supermercados e magazines. Portanto, se quiser ser o melhor em bananas, esqueça diversificar para jacas ou melancias.

A história de meu cunhado ilustra bem o deslumbramento que ocorre quando desejamos abraçar todas as possibilidades e perdemos o foco do essencial. Maravilhado com um catálogo de árvores frutíferas, repleto de fotos de plantas que produzem múltiplas variedades de frutos em uma mesma árvore, não parava de falar do assunto. Começou a sonhar em ter seu próprio pomar com árvores assim. Mas como a realidade nem sempre é colorida como os catálogos, o máximo que conseguiu foi plantar uma muda de mangueira no quintal. Virou um ritual chegar do trabalho e desenrolar uma mangueira para regar a outra. E sempre que encontrava um ouvinte, voltava a exaltar as possibilidades da moderna fruticultura e das árvores de múltiplos frutos.

Um dia, ao chegar em casa e fazer a costumeira visita ao pé de manga, quase foi ao chão de tanto rir. Meu pai, muito brincalhão, havia transformado o sonho de meu cunhado em realidade, sem enxertos ou caras experiências genéticas. Com apenas alguns pedaços de barbante e uma visita à quitanda, havia conseguido realizar um verdadeiro milagre da fruticultura. Ali, regada pelas gargalhadas de meu cunhado, estava a orgulhosa mangueira, com seus galhos vergados sob o peso de bananas, peras, laranjas, maçãs, e cachos de uva. Exceto mangas. Porque nem as melhores quitandas conseguem abraçar o mundo.

MEMÓRIAS PÓSTUMAS DE UM PROFISSIONAL DA NOVA ECONOMIA

A MATÉRIA NA REVISTA EXAME anuncia que a morte começa aos quarenta. Ajusto meus óculos de lentes multifocais para ter certeza de que foi isto que li. Foi. Na semana em que completo 45 primaveras – ou seriam invernos? – a leitura do artigo me dá vertigens. Deve ser a pressão. Teria eu morrido há cinco anos e esquecido de me deitar? Ou terá sido o excesso de café que não deixou que eu dormisse?

Fico na dúvida se devo ou não cancelar minha festa de aniversário. Se fizer calor, os convidados podem não querer vir. E se fizer frio, podem vir mais por interesse. Com quarenta e cinco velas queimando em cima do bolo, vão preferir estar ali do que em suas casas sem aquecimento. Devem estar contando com meu pouco fôlego, incapaz de dar conta de todas aquelas velas. Aliás, já avisei minha esposa para não usar essas velas que voltam a acender depois de apagadas. Posso até conseguir apagar as quarenta e cinco na primeira vez. Na segunda vez, quem apaga sou eu.

Sinto um certo alívio quando constato que a matéria fala de morte profissional. Mesmo assim, uma participante da lista de debates WideBiz tomou as dores dos anciãos – a maior parte delas causada por problemas circulatórios – e teceu alguns comentários sobre o assunto. Mesmo sem estar na faixa crítica, já que se descreveu como alguém com 35 anos, corpinho de 20 e cabeça de 15. Se quarenta é o Cabo da Boa Esperança profissional, no meu caso devo fazer o cálculo inverso. Aos 45, estou com um corpinho de 60 e cabeça de 85. Sem qualquer chance de ser útil.

Mas então o que estou fazendo aqui, escrevendo sobre Internet, negócios e tendências na nova economia, com essa idade toda? Quando completei quarenta anos, eu nem usava Internet. Hoje quase uma centena de sites, jornais e revistas publicam meus artigos. Começo a pensar que meus leitores só fingem que leem E os jornais devem publicar porque a preocupação com o social está na moda. Querem fazer um velhinho feliz. Saio em busca de meu martelo e de um prego.

Fico confuso ao receber um telefonema. É da empresa que organiza um evento onde darei uma palestra. *"Mario, veja que interessante"* – diz a voz – *"só agora reparei que todos os palestrantes serão grisalhos!"* Não, o evento não acontece em um asilo. É um encontro importante de profissionais de grandes empresas. Talvez ainda exista gente querendo escutar os mais velhos. Eu mesmo costumava buscar o conselho de meu pai, quando ele já estava com metade do cérebro comprometido por um derrame. Tinha algo ali que só os anos podem produzir. Experiência e sabedoria.

As estrelas das *fortunas-ponto-com* são garotos imberbes. Isto ajuda a servir de estímulo para o mercado preferir as cabeças mais oxigenadas. E preterir as cabeças brancas. Mas antes que sua empresa decida fazer a triagem pela cor dos cabelos – ou pela falta deles – é bom dar uma olhada nos bastidores. Longe dos holofotes, irá descobrir grisalhos criando condições para que as ideias jovens se transformem em negócios milionários. Estão apostando nesses jovens, financiando suas aventuras, e aplaudindo seus sucessos. Uma sinergia que acontece até neste artigo. O título foi ideia de meu filho de 17 anos.

É verdade que, após uma certa idade, muitos profissionais se acomodam e acabam avessos a mudanças. Passam a ser uma ameaça à sobrevivência de uma empresa em um mundo em constante mutação. Aconteceu durante a informatização das empresas. Está acontecendo de novo com a *internetização* das empresas. Mas é bom tomar cuidado para não fazer da idade o parâmetro de seleção profissional, e cair vítima de um novo paradigma. O caminho mais fácil é colocar o foco na certidão de nascimento, mas o que qualifica um profissional para a nova economia é a certidão de conhecimento.

Se não for, é melhor alguém ir avisar o Peter Drucker que ele está velho demais para entender o que vêm por aí. Em março de 97, a revista Forbes escrevia dele: *"Apesar de estar com 87 anos, Drucker pode ser considerado um dos mais jovens pensadores da América, com um pensamento dos mais cristalinos."*

Drucker escreveu, *"A próxima Revolução da Informação já está acontecendo. Mas não está acontecendo onde os cientistas da Informação, os executivos da Informação e a indústria da Informação de maneira geral está procurando. Não se trata de uma revolução de tecnologia, maquinário, técnicas, software ou velocidade. É uma revolução de conceitos".* Isto me deixa mais aliviado. Vou guardar o martelo e o prego. Ainda não chegou a hora de pendurar as chuteiras.

AMOR À PRIMEIRA VISTA

TEM MUITA GENTE TENTANDO montar algum negócio na Internet, mas infelizmente a grande maioria não conseguirá sair da casca. Erram quando tentam conquistar corações aninhados a uma marca, empresa ou serviço. Boa parte dos novos empreendimentos de Internet peca pela falta de originalidade. Quando não é alguém querendo criar um site de busca, para concorrer com o Yahoo!, pode ser o livreiro ansioso por seguir as pegadas da Amazon.com. Há ainda os que desejam criar serviços pagos, como cartões postais, email ou notícias, para concorrer com os mesmos serviços grátis.

O lançamento desses negócios parece um documentário que assisti, que mostrava o lançamento de um navio. A madame, com o chapéu todo enfeitado, quebrou a garrafa de champanhe no casco, sob os olhares atentos de orgulhosos almirantes apavonados. Soltas as amarras, o navio deslizou pelos trilhos em direção ao mar. E não parou. Foi direto ao fundo, diante dos olhares atônitos da multidão. Enquanto isso, a banda, de costas para a cena, tocava alegremente como se tudo não passasse de uma nova aventura de Jacques Cousteau.

A maioria das novas ideias de negócios na Internet esbarra em uma velha característica do comportamento humano. As pessoas são como os gansos, que adotam como mãe o primeiro ser vivo que veem quando saem da casca. Se for você o felizardo que estiver presente quando os ovos começarem a perder seus inquilinos em uma chocadeira elétrica, parabéns! Você acaba de ganhar sua ninhada. Aonde você for, eles irão atrás rebolando suas caudas empinadas.

Agora que você se tornou *"Mamãe Ganso"*, será difícil outro conseguir tomar o seu lugar. Até a mãe original terá poucas chances de substituir a imagem que ficou gravada em seus pequenos cérebros. O mesmo princípio aplica-se ao marketing e à Internet. Você dificilmente conseguirá ocupar o lugar de alguma marca, empresa ou serviço que já tiver fixado sua imagem na mente do consumidor. Estava lá quando o cliente nasceu para aquela necessidade, e acabou sendo um caso de amor à primeira vista.

É por isso que tanta gente fracassa na Internet ao tentar copiar alguma ideia que deu certo. Se deu certo, foi porque conseguiu fixar uma imagem indelével na mente do consumidor. Esta você não consegue apagar mais, a não ser que seu concorrente desapareça. E mesmo que isso aconteça, permanecerá uma certa aura de magnificência que substituto algum conseguirá criar.

Cresci lendo Seleções do Reader's Digest, que na época trazia anúncios da Pan Am. Ainda que hoje eu viaje em um moderno Boeing 747 de alguma excelente empresa, em minha mente permanece a imagem dos antigos Clipper Class da Pan Am como verdadeiros transatlânticos voadores. Apesar de nunca ter voado em um deles.

Não basta ser o primeiro, mas é preciso ser o primeiro a se fixar na mente das pessoas. Quem descobriu a América? Colombo chegou primeiro às mentes dos estudantes, mas foram os Vikings ou talvez outros que chegaram primeiro ao novo continente. E antes deles, os índios, que não receberam crédito algum, talvez por terem vindo a pé pelo Estreito de Bering.

Outro fator é a qualidade. Quando precisei de um compactador de arquivos para Windows, experimentei uma dúzia deles que encontrei em um disquete de programas shareware. O que mais me agradou foi um tal de WinZip, que depois acabou conquistando também milhares pessoas e virou quase um padrão. Se o mesmo programa surgisse hoje, provavelmente fracassaria ao tentar enfrentar alguma *"Mamãe Ganso"* de alguns anos atrás.

Obviamente há outras ações de marketing que podem imprimir na mente do consumidor uma imagem mais forte. Ou que consiga conquistar uma nova ninhada que ainda não tenha sido adotada. Aí os outros vão usar aquele produto porque *"todo mundo usa"*. Mas ações assim dependem de um poder de fogo que o novo empreendedor geralmente não tem, como no caso da Microsoft quando destronou o Netscape como browser padrão.

Se você não é uma Microsoft, é provável que também não seja uma Amazon.com, um eBay, um Yahoo ou um Altavista. Por isso não tente bater de frente com gigantes. É uma pena, mas as ninhadas deles são fiéis demais para você tentar conquistá-las. Mas certamente há outros ovos por aí, grandes ideias que ainda podem ser exploradas. Que ovos são estes? Tá bom, tá bom, eu dou a dica: Ovos de Colombo.

SER OU NÃO SER *ASP*, EIS A QUESTÃO

DIZEM QUE TUDO O QUE VEM escrito em inglês é verdade. Se assim for, para não perder a credibilidade, devo parar de usar o idioma de Camões e continuar este artigo com a ajuda de Shakespeare. O que fatalmente acabaria em tragédia, pelo menos para nosso brio latino- lusitano. Mas se não quero escrever em inglês, vou ter que usar uma sigla inglesa, ou corro o risco de ficar sem assunto. Quero falar do *ASP*. Mas o que é *ASP*? Vou tentar explicar em mais de três letras.

Um *ASP*, ou *"Application Service Provider"*, pode ser traduzido simplesmente como um provedor de aplicativos por assinatura. Nada de novo até aqui, se considerarmos que o telefone permite a uma rede de usuários utilizar um serviço pagando um *fee* mensal. Ou taxa, quando do lado de cá do Equador. O mesmo poderia ser dito de uma *Cable TV* ou de algum serviço de *pager*. Só para não sair do inglês.

Mas a atual onda de *ASP* tem suas razões para acontecer. É simples. A tecnologia de hoje permite que necessidades de ontem virem mola propulsora nos negócios amanhã. Quando a necessidade encontra a solução, não pode ficar parada. Com as mudanças nos negócios, sendo puxadas à força pela Internet, tem empresa que já passou do estágio em que se sentia num mato sem cachorro. Descobriu que tem cachorro, mas é o *Rottweiler* do concorrente.

O problema começa a complicar quando se descobre que empresa nenhuma pode migrar do real para o virtual sem uma estrutura sistemas de tecnologia da informação adequados. Mas uma simples passada de olhos nas etiquetas de preços de sistemas é suficiente para levar o empresário mais valente a se conformar com a ideia de que seu pobre negocinho não vai sair dessa inteiro.

Mas a mesma Internet que acelerou os processos também vem em socorro do desalentado empreendedor. Com fundo musical de *Missão Impossível*, para quem as velhas economias parecem insignificantes para pagar os custos da nova economia. A solução que a Internet traz é permitir que diversas empresas utilizem simultaneamente um mesmo aplicativo – o *Application* da sigla *ASP*. A utilização é na forma de um serviço – o *Service* – disponibilizado por um provedor. Você adivinhou. Quem presta o serviço é o *Provider*, o "P" do *ASP*.

Assim, sistemas que seriam inviáveis a empresas médias ou pequenas, podem ser oferecidos na forma de uma enorme vaca com infinitas tetas. Todos mamam, mas ninguém precisa pagar pela vaca toda. E nem se preocupar em sustentá-la. Enquanto recebem o leite integral da informação, os custos são diluídos entre muitos usuários, que se concentram em seu *core business* (olha o inglês aí de novo!). Sem precisar criar toda uma estrutura de tecnologia da informação, ou se preocupar com segurança, *upgrades* ou contratação de gente especializada. As preocupações ficam sendo da vaca que amamenta. Se preferir, *cow*, para ficar mais chique.

Outra vantagem de se aderir ao *ASP* é poder fugir da rota da obsolescência. Hoje uma empresa deve pensar cem vezes antes de partir para um projeto de desenvolvimento interno de sistema. É entrar no processo com a foto de um galã, para descobrir que, na saída, acabou ficando de braços dados com um velho. Um velho incomunicável, se o projeto não levar em conta uma sociedade conectada em rede.

Se você ainda não tinha ouvido falar em *ASP*, prepare-se para conviver com esta sigla do momento. Para fazer companhia ao *ERP, MRP, CRM, B2B*, e tantas outras siglas que há algum tempo frequentam as palestras para executivos. Onde também as portuguesas *sinergia* e *paradigma*, tão desgastadas, vêm sendo substituídas por *approach, purchasing, hosting* e tantas outras grifes da moda. Nomes que fazem suspirar qualquer *tech-yuppie*. Epa! Inglês de novo!

Porém, apesar da sigla parecer nova, prestar serviços na forma de *ASP* não é novidade. Há alguns anos começamos a disponibilizar, via Web, um sistema de auxílio à gestão da *supply chain*. E outro, para *APS*, sigla de *Advanced Planning and Schedule*, ou planejamento avançado da produção, também via Internet. Mas para aqueles que procuram uma solução *ASP* para seus negócios, é bom ficar atento. É que *"ser ASP"* hoje dá status. É o equivalente empresarial a *"ser VIP"*. E muitas empresas que atuam na Internet aderiram à sigla antes de aderir ao serviço, para não ficar fora da moda. Ou da bolsa. Ainda que seja só para inglês ver.

A HORA E A VEZ DO PAPAI NOEL VIRTUAL

NUNCA ME ESQUEÇO DE UM PAPAI NOEL que vi quando criança. Ele fora contratado por uma loja de minha cidade para distribuir balas para a garotada na calçada. Pelo trançar das botas quando caminhava, é provável que o bom velhinho tenha exagerado no combustível que naquele tempo ainda não fazia falhar os trenós nacionais. Com sua coragem de origem etílica, ao invés de dar bala para as crianças, o Papai Noel começou a dar bola para as mamães. Sua ousadia acabou quando topou com um marido menos gordo e mais forte do que ele. O nariz, bigode e barba do Papai Noel acabaram combinando com a cor da roupa de cetim.

Aquele Papai Noel cometeu uma série de erros que também nocauteiam muitos empreendimentos de comércio eletrônico na época crítica para vendas online: o Natal. Num momento de "vai ou racha" do comércio online, empresas de todos os tamanhos entraram na corrida apostando todas as fichas. Gastaram o que tinham e o que não tinham em um marketing milionário, online e offline. Tudo para conseguir neutralizar o veneno do escorpião que eu e cada cliente em potencial carrega no bolso. A cada ano, o Natal pode ser a única e última oportunidade das empresas capturarem novos clientes, amarrá-los com cordas de atenção, e transformá-los em clientes fiéis para a estiagem comercial do pós-festas.

Um erro grave daquele Papai Noel foi querer competir, na mesma calçada, com alguém mais forte que ele. No vale-tudo que antecede o final de ano, pequenas empresas arriscam o próprio nariz quando tentam competir em visibilidade com grandes corporações do comércio convencional. Gastam fortunas na mídia convencional, onde são as grandes marcas que imperam. Enquanto o comércio eletrônico era uma novidade, empresas pequenas podiam até chamar atenção na mídia convencional. Mas quando os grandes magazines entraram na brincadeira, a propaganda dos pequenos na mídia convencional virou uma gota no oceano. Grandes corporações passaram a anunciar offline seus empreendimentos online.

Se os pequenos não podem competir com os grandes, podem usar de criatividade para se fazerem notar. Se todas as lojas da rua estiverem exibindo um Papai Noel na porta, talvez seja melhor exibir o trenó ou as renas. Antes de decidir pela estratégia de marketing a ser adotada, a pergunta do pequeno comerciante eletrônico não deve ser, *"o que os grandes estão fazendo?"*, e sim, *"o que os grandes NÃO estão fazendo?"*. Os grandes estão investindo pesado na mídia convencional? Use a própria Internet como sua mídia de propaganda. Há milhões de pessoas online que podem ser alcançadas bem no barco em que viajam, que é a própria rede.

Outro erro do Papai Noel foi tentar conquistar clientes com uma fantasia. Você, leitora, se apaixonaria por um gordo de barbas brancas, vestido com uma roupa de cetim vermelho, com as pernas bambas dos tragos que tomou, e carregando nas costas um saco vazio? Mesmo que fosse o verdadeiro Papai Noel, o máximo de segurança que lhe ofereceria seria uma casa própria em algum ponto da região mais gelada do planeta. E o resto da vida cozinhando para um batalhão de duendes fabricando brinquedos.

Do mesmo modo, muitas empresas de comércio eletrônico acabam dando com os burros n'água – ou com as renas na neve – por não conseguirem transmitir segurança aos seus clientes. Por mais online que uma empresa esteja, ela precisa ter uma infra-estrutura offline consistente o suficiente para não ser vista apenas como uma fábula.

A lição que fica cada vez mais evidente é a da importância da integração entre o mundo virtual e o convencional. Muitas pessoas fazem suas pesquisas online, para depois comprarem em uma loja convencional. Outros querem ver e tocar o produto na loja, para depois encomendar na Web. Depósitos estratégicos, técnicas de embalagem, sistemas de envio de encomendas, equipes de atendimento ao cliente, estratégia de pós-venda e política de devolução de produtos são alguns dos fatores determinantes na nova economia, cuja tendência é integrar o virtual com o convencional. A empresa que conseguir reunir tudo isso no mesmo saco poderá gozar da mesma longevidade do velhinho. E pode se tornar preferida daqueles que estão dispostos a esvaziar seus bolsos para encher as meias.

DE PONTO-CRUZ A PONTOCOM

APESAR DE TRABALHAR HOJE em uma empresa da geração Internet, não nasci *ponto-com*. Há poucos anos eu era um profissional *ponto-sem*, como outro qualquer. Mas, como acontece com qualquer ser humano, vivia sofrendo daquelas febres ocasionais de montar meu próprio negócio. Uma delas aconteceu ainda na era pré-Internet, mas o que já tinha em comum com as empresas virtuais era o *ponto*. Meu empreendimento ainda não era *ponto-com*. Era *ponto-cruz*.

Para não perder o fio da meada, devo explicar que a ideia de uma empresa *ponto-cruz* nasceu da grande habilidade de minha esposa para os trabalhos manuais. A primeira vez que viu um molde americano para *cross-stitch*, ficou maravilhada. Era algo muito superior ao bordado ponto-cruz, quadradinho e sem resolução, que tinha visto até então. A partir daquele dia passei a ser motivo de alegria dos vendedores de tecidos e linhas para bordado. Com o tempo, meu círculo de admiradores já incluía também os donos de lojas de molduras e até fabricantes de pregos. Já que cada bordado exigia um lugar especial para estacionar na parede de casa.

Foi aí que decidi transformar a despesa em receita. Descobri um software que transformava fotos em padrões para bordado, quadriculando as cores em códigos que representavam as diferentes linhas. A ideia era produzir kits com moldes, tecido, linhas e agulhas para vender. Na época as importações eram raras e os únicos kits produzidos no Brasil eram destinados a principiantes. Naquele ponto eu era mais um candidato a vítima do entusiasmo. Assim como eu sonhava com meu negócio *ponto-cruz*, há muitos hoje sonhando com um negócio *ponto-com*.

Muitas novas empresas nascem mortas porque são negócios de impulso. Ideias que agradam apenas seus criadores, pessoas que vivem maravilhadas com o próprio umbigo. Não há qualquer preocupação em conhecer a situação do mercado ou suas tendências. É só depois de chutar o balde em seu velho emprego e gastar o último centavo de seu fundo de garantia, que o pretenso empreendedor descobre que o mundo não está preparado para seu fantástico negócio. Como não pode mudar o mundo, só lhe resta voltar a ser leitor dos classificados de emprego.

Vi algo assim quando visitei uma pequena cidade no interior do Mato Grosso. Era, na época, um novo polo de colonização que recebia pessoas de todo o Brasil. Muitos chegavam atraídos pelas oportunidades de formar suas próprias fazendas. Outros traziam mercadorias e serviços para vender aos novos habitantes. Conheci ali dois cidadãos que eram protagonistas de negócios fracassados por falta de visão, planejamento e pesquisa de mercado.

Um deles, de olho no calor da região, vendeu o que tinha em São Paulo e comprou equipamentos para fabricar sorvetes, seguindo para sua aventura com excesso de peso em sua bagagem de sonhos gelados. Montada a sorveteria, descobriu que o período de funcionamento dos geradores que abasteciam a cidade era insuficiente para seu sorvete gelar. As geladeiras paravam antes. Fracassou por não ter entrado numa fria.

Outro, um jovem atlético do Rio, montou uma academia de ginástica e musculação. Fiquei impressionado com aquele imenso salão revestido de espelhos e equipamentos novos, tudo sob uma mesma camada de poeira. Numa cidade onde a maioria dos habitantes ganhava o pão literalmente com o suor do rosto, ninguém iria querer gastar as horas de folga malhando em um salão abafado. E sem poder tomar um sorvete para refrescar, na única sorveteria da cidade.

Meu negócio *ponto-cruz* teve um final mais feliz, porque nem começou. Bastou uma pesquisa informal com lojas de produtos para bordados para descobrir que o mercado não estava preparado para minha ideia Mas não posso afirmar, com cem por cento de certeza, que o negócio não iria funcionar. Uma pesquisa de mercado é apenas um ponto de referência em um oceano de variáveis. Muitos outros fatores devem ser ponderados antes de se decidir a criar ou não um novo negócio. E o resultado em uma *ponto-cruz* pode ser diferente de uma *ponto-com*.

Foi o que aconteceu com a empresa onde trabalhei. Quando ela, que desenvolvia sistemas de gestão, decidiu abrir uma nova frente e investir na criação de um provedor de Internet, nem precisou fazer uma pesquisa de mercado. Ninguém estava interessado em Internet e qualquer pesquisa teria resultado em uma só resposta dos entrevistados: *"Inter-o-quê?"*. Quando o mercado não está pronto para inovações, cabe ao empreendedor enxergar além do mercado. E tomar todas as precauções para não dar ponto sem nó.

MEGA FUSÕES

A MEGA FUSÃO, QUE COLOCOU a American Online Inc. e a Time Warner dividindo um mesmo quarto, trouxe um volume de consequências maior que a bolsa necessária para carregar os bilhões de dólares envolvidos no casamento. A mais óbvia estava no fato de uma empresa de Internet englobar um gigante da mídia convencional. Ou o inverso, se considerarmos o ponto de vista da Time Warner.

A ação se fez sentir na cotação das ações de empresas de Internet. E na avaliação das ações tomadas pelas empresas de mídia convencional, que até então investiam em uma bicicleta própria para entregar o jornal na casa do internauta. A dúvida das solteiras passou a ser: será que valeu a pena gastar tanto para fazer omelete na Internet, ou teria sido melhor procurar um parceiro que já soubesse cozinhar? A única coisa que todo mundo sabe, é que todo mundo não sabe fazer tudo. Daí a necessidade de se buscar parceiros para fortalecer um negócio e criar família. E ter filhos.

Para quem ainda não percebeu, outra mensagem clara passada foi a de que a Internet é informação, e que informação é

Internet. A partir daí, se alguém quisesse sobreviver na Era da Informação, seja o seu ramo Internet ou não, informação ou não, iria precisar estar de braços dados com ambas.

Nathan Rothschild sabia disso há muito tempo. Já li esta história em dois lugares diferentes, uma dizendo que Rothschild tinha uma rede de comunicação eficiente, com cavalos e barcos, e outra que ele esteve em Waterloo e tomou um atalho até Londres depois da derrota de Napoleão. A história não importa muito aqui, mas a lição sim.

Ao saber que a Inglaterra era vitoriosa, Rothschild ordenou a venda de títulos da dívida pública na bolsa de Londres. Pensando que ele tinha informações de uma derrota, todo mundo fez o mesmo. Os preços despencaram. No final do dia, antes que a notícia oficial da vitória chegasse a Londres, ele ordenou a recompra em grande escala. A agilidade e posse da informação foram os ingredientes na criação de riqueza. Para ele, pelo menos.

Ouvi dizer que o uso da luneta foi popularizado pelo mesmo motivo. Naquele tempo ninguém estava interessado em olhar para a Lua, exceto os namorados. O que os comerciantes queriam mesmo era enxergar qual era o navio que estava chegando, para especular no mercado de futuros. A informação, que chegava ao olho do mercador à velocidade da luz, gerava riqueza.

Daí todo o interesse da mídia convencional na Internet. Ela não é apenas uma estrada da informação. É a estrada que transporta todas as estradas da informação. Quem controlar essa estrada controla todas. Quando acontece uma mega fusão, não são derrubados muros. Apenas é expandida a área do terreno ocupado pela fortaleza. Mas se o lugar está sendo tomado por gigantes, que chance terão os médios, pequenos e menores ainda?

Nossa sociedade é pluralista. São muitos *todos* formados por pequenas células. A Internet deu força às células, permitiu que criassem agrupamentos por afinidades, algo que a distância física muitas vezes não permitia. E ajudou para que esses grupos fossem inter-relacionais. Assim, eu posso fazer parte do grupo de empresas A, B e C em um projeto, mas fazer parte também do grupo D, E e F em outro. A isto damos o nome de comunidades que, na Internet, não precisam necessariamente ter fronteiras sólidas. Você se lembra daquele desenho da professora, ensinando intersecção de conjuntos?

A Internet permitiu a existência desses conjuntos, criando fronteiras tênues que se interceptam e mudam conforme a necessidade. São comunidades de negócios, sobrepondo-se em alguns casos, reformulando seus relacionamentos em outros, mas sem criar muros. Encontram sua força na união da diversidade. Diferente da simples soma e complementação de forças buscada hoje pelo gigante A ao unir-se com o gigante B.

Posso estar errado? Certamente. Mas agrada-me pensar em uma rede de negócios transpondo muros, ao invés de criá-los. Criando relacionamentos trans-operacionais, transnacionais, transculturais, ou *trans-o-que-você-imaginar*. Se quiser americanizar, *transbusiness*. Não uma fusão, mas uma colaboração orgânica entre pessoas, empresas pequenas, médias ou grandes, transpondo barreiras, distâncias, culturas ou especialidades. Uma alternativa, para os pequenos à mega fusão dos gigantes. Algo que represente a transferência da vitalidade criativa entre negócios. Como tudo em *business* precisa ter nome, que tal chamarmos isto de *"Transfusão"*?

EDUARDO E MÔNICA

NÃO ERA MÚSICA NEM ROMANCE. Só outro Eduardo que um dia encontrou outra Mônica. Mais um, de uma legião de garimpeiros à procura de uma mina de ouro na Web. Para Eduardo, Mônica era a mina ideal, a mina dos seus sonhos. Ele tinha o embrião de um plano de negócios na cabeça. Sua mãe dizia que não era embrião, mas minhoca o que ele tinha entre as orelhas. Internet servia para gastar dinheiro, não para ganhar. E a mãe tinha a conta telefônica para provar.

Mas Eduardo acreditava. Seu projeto era fantástico. Logo ele iria poder comprar uma casa para a mãe, como fez aquele craque do futebol. Seu *Business Plan*, que ele já chamava pela sigla de *Bi-Pi*, era de um *estar-táp* que podia acabar em *Ai-Pi-Ôu*, palavras inglesas que Eduardo não entendia, mas que tinham um poder mágico. Uma espécie de *Abracadabra* para se chegar ao tesouro da nova economia. Mônica podia transformá-lo em um *milionário-ponto-com* da noite para o dia. Ou numa lenda urbana.

Mônica era uma caçadora de negócios para investidores de risco. Mas vivia em outro mundo, noutro canto da cidade. Foi um amigo do cursinho do Eduardo quem deu a dica. Viu na revista. email para cá, email para lá, e Mônica decidiu que queria saber um pouco mais sobre o *boyzinho* que a tentava impressionar. Precisavam marcar uma reunião. Podia ser numa lanchonete? Eduardo queria recuperar o que emagreceu de emoção. Não, tinha que ser no escritório da empresa. Com elevador de aço inox e espelho de cristal.

A oportunidade de uma vida. Eduardo, com seu plano de negócios escondido no casaco, frente a frente com a poderosa Mônica. Só iria tirar o envelope no fim da entrevista, um *grand finale*. Mas estava nervoso. Mônica tentava quebrar o gelo. Falava do filme de um tal de Godard que tinha visto no cinema. Eduardo mudo. Se ela falasse da novela, arriscaria um palpite.

Tentou abrir a boca, mas engasgou no *biziness plén* treinado nas aulinhas de inglês. Por que não inventaram a coisa toda em português claro? Arrependeu-se de ter matado aula para jogar botão com o avô. Será que tinha escrito *"Executive Summary"* ou *"Ezecutive Sumari"*? Oh, dúvida! Agora era tarde.

Mônica continuava falando, para deixar o rapaz à vontade. Para Eduardo, ela falava alemão. Bauhaus, Van Gogh e coisas assim. Nada que fizesse parte do esquema de Eduardo. Tipo *escola-cinema-clube-televisão*. Mas Mônica era legal. Ia dando dicas. Ela entendia de tudo. Falava coisas sobre o céu, a terra, a água e o ar.

Eduardo entendeu que o melhor seria deixar seu Plano de Negócios quieto dentro do casaco. Não passava de um Engano de Negócios. Tinha erros de português, culpa da pressa de receber um cheque. Análise da concorrência? Nem pensou. Sua visão só foi ampla na hora de enxergar o mercado ideal de seus sonhos, onde só via o seu negócio. Havia outros furos. Queria ser tudo para todos. Inventou um site horizontal demais. Igual a ele, deitado de costas no chão do escritório, se tentasse ficar em pé para fugir. Engraçado esses escritórios modernos. Eles giram.

Silêncio. Outra vez Mônica tentou deixar o rapaz à vontade. Falou que tinha sido fã dos Mutantes. Eduardo captou a mensagem. Não levou em conta as condições do mercado em constante mutação. Coisa rápida no relógio da Internet. Em que dados e informações tinha se baseado? Dados? Começou a suar. Tinha considerado um nadinha de informações genéricas que pegou no jornal. Em uma crônica superficial como esta. Nem acreditava que sua visão tivesse sido tão míope! E agora estava também embaçada. Enxergava duas Mônicas.

Entendeu que aquele envelope – agora molhado de suor – que trazia sob o casaco não era um Plano de Negócios. Sem perceber, esteve o tempo todo querendo fazer do plano um negócio. Vender papel. Se ao menos tivesse uma ideia rara... Não, a Mônica acabava de explicar que ideias raras são difíceis de vender. Mas uma ideia apenas boa, quando bem trabalhada, podia dar certo. Desde que conseguisse mostrar ao investidor como ele iria lucrar.

Agora Eduardo enxergava claramente os pontos fracos de seu plano. No fundo, no fundo, o que queria mesmo era mantê-los em segredo. Suas metas pareciam um balão inflado. Tudo puro entusiasmo. Fundamento que era bom, nada. Queria acreditar que existiria um mercado emergente ideal, que iria adorar seu site. Mas não explicava quando, nem como isso iria acontecer. Nem quais as etapas do processo. Nada de concreto. Só sonhos. Como em letra de música.

Mas, como diz a música, *"quem um dia irá dizer que existe razão nas coisas feitas pelo coração? E quem irá dizer que não existe razão?"* Eduardo deu uma desculpa qualquer para sair. Ou não deu? Agora já não importava. Precisava sumir. Rever seu plano, sua vida, seu futuro.

Ao contrário da música, Eduardo e Mônica não construíram uma casa, nem mesmo uma homepage. Também não tiveram gêmeos. Nem *"batalharam uma grana e seguiram legal"*. O plano do Eduardo não passou da entrevista. Ficou de recuperação e dificilmente terá outra oportunidade. Só para não perder minha inspiração musical, eu diria que *"o sonho acabou"*. Mas serve de consolação saber que *"quem não dormiu no sleeping-bag nem sequer sonhou"*.

As músicas citadas são *"Eduardo e Mônica"*, de Renato Russo, e *"O Sonho Acabou"*, de Gilberto Gil

Os Três Mosqueteiros da nova economia

No romance de Alexandre Dumas, D'Artagnan vai ao encontro de Athos, Porthos e Aramis para duelar. Porém, a chegada dos guardas do Cardeal Richelieu faz com que D'Artagnan fique amigo dos Três Mosqueteiros. O grupo, unido pelo interesse comum, é o tema do romance *"Três Mosqueteiros"*, com quatro capas e quatro espadas lutando por um ideal. Mas um ideal não era tudo o que os levava a enfrentar as fazedoras de peneira empunhadas pelo inimigo. A adrenalina que corria em suas veias vinha da busca de prestígio, poder e satisfação. Um por todos, todos por um!

Diariamente novos espadachins de Internet se aventuram na conquista do espaço virtual. Empunhando o capital e a experiência, adquiridos no mundo convencional, escolhem a carreira de um *"mosqueteiro solo"* no palco da Web. Seu contato com o cliente dura a estocada de uma fria lâmina de aço. Sua preocupação está, no máximo, em como evitar as costelas para não embotar a lâmina. Ou dificultar o negócio. Nada de calor humano, nada de paixão, nada de relacionamentos duradouros entre pessoas em rede. Não entendem que, na Internet, um mosqueteiro sozinho não faz verão. E nem uma andorinha, se você for um purista de provérbios.

Os Três Mosqueteiros que não devem faltar na defesa dos negócios eletrônicos são mais reais que os personagens do romance. Seus nomes são *Conteúdo, Comunidade* e *Comércio*. No mundo virtual, dificilmente um consegue sobreviver sem o outro, e o outro sem o um. E como no romance os Três Mosqueteiros eram quatro, no mundo virtual o D'Artagnan, que só aparece quando o trio já está formado, chama-se *Colaboração*. Todos começando com *"C"* de *"Cliente"*.

John Hagel III e Arthur Armstrong, autores do livro *"Net Gain"*, escrevem que é a *Comunidade* que acaba criando condições para o *Comércio* acontecer. Mas só quando os clientes podem sorver *Conteúdo*, ou informação de boa qualidade. O resultado é um "mercado reverso", no qual o poder brota do cliente e lhe confere prestígio, satisfação e ganho em vantagens de compra. A empresa que não compreende isto não saberá compreender e suprir as necessidades dos clientes, recém promovidos à condição de senhores do comércio na nova economia.

Há um novo modelo de negócios nascendo no mundo virtual. Um mundo novo, onde velhos conceitos são magnificados. Conteúdo, ou informação, é um deles. Algo que sempre existiu em qualquer meio de troca. Toda negociação começa com um duelo em torno de amenidades. Tempo, futebol, o que aconteceu no fim de semana, dão os primeiros toques de um esgrima de centavos ou de milhões. Vêm depois os golpes mais fortes e calculados – troca de experiências e informações – para mostrar força e medir a do oponente. Só então vem o embate propriamente dito. E o golpe final, que é a consumação do negócio. *Touché!*

O valor de um negócio virtual está na capacidade de arrebanhar pessoas e agregar, a elas e por meio delas, potencial de negócio. A habilidade de reconhecer, configurar e manter unidos grupos é a moeda forte da nova economia. *Conteúdo*, *Comunidade* e *Comércio* formam um corpo de Mosqueteiro sem fronteiras definidas. É mais fácil dizer onde termina o pescoço de uma cobra, do que definir com exatidão onde começa e termina a função de cada Mosqueteiro em um negócio online.

Uma vez criadas, as próprias características das *Comunidades* as mantém vivas. Elas funcionam como a medula que cria o sangue para manter viva a própria medula. A *Colaboração* entre participantes promove produtos que são de interesse comum. Para alegria dos mercadores e patrocinadores. A própria *Comunidade* passa a gerar *Conteúdo*, atrair novos membros, amalgamar pessoas diferentes com interesses comuns e fortalecer seu poder de exigir e conquistar benefícios de consumo.

Esse intercâmbio de informações gera conhecimento, que agrega prestígio para quem compartilha, satisfação para quem recebe e poder para quem o utiliza. Neste caso, o cliente, que passa a clicar o mouse com o dedo mínimo. Só para ter a sensação da madame, que passeia pela loja e, com o mindinho, o único sem anéis e brilhantes, vai apontando e ordenando, *"Um deste, dois daquele, três daquele outro..."*. Tudo para benefício do comerciante que tiver a seu serviço *Conteúdo*, *Comunidade*, *Comércio* e *Colaboração*. Os Três Mosqueteiros que são quatro. Um por todos, todos por um!

VIDA DE CACHORRO

UM CÃO VIVE EM MÉDIA quinze anos. Não é muito, se comparado ao tempo de vida dos humanos. Quando um ser humano ainda não sabe discernir a mão esquerda da direita, o cachorro já está em idade de se reproduzir. A Internet é canina em sua cronologia. Seu relógio bate mais rápido que toco de cauda de cachorro contente. Mas sua vida não é tão curta quanto a do cão. Neste aspecto a Internet está mais para gato. Tem sete vidas.

Na cronologia do ciberespaço, eu diria que a Internet está passando hoje pela puberdade. Uma idade crítica, quando o corpo nem sempre obedece aos comandos do cérebro. É desajeitada, como quem cresceu rápido demais. E põe crescimento nisso! Tentar contar o número de usuários de Internet hoje é tão complicado quanto inventariar uma criação de coelhos.

A adolescência da Internet tem gerado alguns contratempos, principalmente para quem aposta todas as suas fichas em negócios que não passam de um rosto bonito na Web. Uma *Miss* de baile de debutantes, dessas que diz que leu *"O Pequeno Príncipe"* e sonha em ser modelo. Um belo dia aquele rostinho de boneca acorda cheio de espinhas. E a casa cai.

Com uma Internet dona de um humor ainda na *aborrescência*, não é surpresa abrir o jornal e ler que investidores de empresas de Internet estejam tendo um dia de cão. Mas isto não significa que a coisa toda esteja podre. Como acontece em qualquer negócio novo, a Internet continuará causando convulsões na economia, até se acostumar com a coleira das velhas regras de mercado. E no processo não faltarão aqueles que estão atrás de ganho fácil e satisfação sem efeitos colaterais. Do tipo que se livra de um simpático cãozinho comprado na feira de animais, quando descobre que o que entra pela boca precisa sair por algum lugar.

As quedas em *Wall Street* estão cada vez mais ligadas ao sentimento de pânico de investidores novatos. Gente que nunca foi mordida no mercado de ações. Em períodos de pujança nos Estados Unidos, muita gente olhou o mercado de ações como uma alternativa para as formas convencionais de poupança. Com a facilidade de se comprar e vender o mundo com um clique do mouse, muitos americanos acabaram trocando seus *"cents"* e *"dimes"* por ações de empresas de Internet. Criou-se a ilusão de uma poupança etérea, que iria tornar pessoas comuns em investidores milionários. O típico casal Smith pôde considerar-se dono da Amazon.com e passou a enxergar seu dinheirinho da aposentadoria como quem enxerga mostrador de bomba de gasolina.

Mas, na bolsa, nem tudo o que reluz é ouro. Negócios que hoje valem milhões viram papéis podres da noite para o dia. E aquele garoto que começou em uma garagem, cujo site a revista disse que valia milhões, pode não ter dinheiro nem para o chiclete. Muitas das notícias de negócios milionários trazem, nas entrelinhas, um dinheiro que é tão virtual quanto o mundo cibernético onde desfilam as empresas *ponto-com*. A história que me contaram ilustra bem o que há por trás de algumas das *"grandes"* negociações da nova economia.

Um garotinho, de tanto ouvir falar em bolsa, ações, NAS-DAQ e coisas do tipo, decide trocar o nome de seu cãozinho para *"Totó.com"* e colocá-lo à venda. Por um milhão de dólares. O pai ri do garoto. O menino insiste, e logo aparece um investidor interessado no *"Totó.com"*. Tão interessado, que acaba fechando negócio. *"Quanto?"*, pergunta o pai, surpreso. *"Um milhão de dólares!"*, responde o filho, radiante. O pai, ainda incrédulo, insiste: *"E onde está essa grana toda?"* *"No quintal"*, responde o garoto confiante. *"Dois gatinhos valendo quinhentos mil cada"*.

Negócio pra boi dormir

A VOZ QUE EU ESCUTAVA AO TELEFONE era de um novo empreendedor da nova economia. Apesar de trabalhar em uma área onde tudo é tão novo que cheira a tinta, não estava preparado para o que iria escutar. Ninguém pode negar a epidemia ponto-com que se espalhou pelo mundo dos negócios. Tentando seguir o exemplo de alguns garotos que começaram empresas milionárias na garagem, muita gente está entrando na corrida do ouro das maneiras mais inusitadas. A voz que eu escutava ao telefone era de um sujeito que afirmava ter dado o primeiro passo para iniciar seu novo negócio virtual. Tinha alugado uma garagem.

Com um começo assim, é provável que sua história acabe igual à do comerciante que conheci. Contratou uma empresa de publicidade para criar um site, atrelou a ele uma loja virtual, e espalhou seus produtos pela loja como quem espalha orégano em pizza. Havia produtos identificados apenas pelo código, sem nenhuma foto ou explicação. Podia ser um par de meias ou uma Mercedes. Apesar de bem sucedido no comércio convencional, no virtual o empresário era marinheiro de primeira viagem. Ou de última.

Seis meses depois, ele fechava sua loja na Internet, sem uma venda sequer. Ou melhor, sem ter atendido um cliente sequer. Ao fechar, descobriu que quase duzentas pessoas já haviam tentado comprar ou pedir informações através do email do site. Ficaram sem resposta, pois ele nem sabia como acessar a área administrativa de sua loja, ou configurar seu email para receber os pedidos. Este é mais um exemplo dos que acabam engrossando a fileira dos desiludidos com o comércio virtual. Queriam virar milionários *ponto-com*, mas acabam com a sensação de que caíram no *conto-com*.

Não basta fazer seu próprio site ou contratar uma empresa para fazê-lo. Daí até ser um sucesso na rede vai depender de uma administração competente. E esta deve ser feita por alguém que entenda de negócios na Internet, e não pelo comerciante convencional. O negócio deste é no mundo físico, balcão, caixa registradora fazendo *"Plim!"*, estoques físicos. Não consegue raciocinar no mundo virtual, por melhor que sejam seus negócios no mundo convencional. Vai precisar de ajuda especializada, e não estou me referindo a pessoas que saibam programar ou criar belos sites na Internet.

O que estou dizendo aqui não é novidade. Em qualquer área de negócios, pessoas quebram a cara porque tentam fazer algo fora de sua capacidade. Toda família tem, por exemplo, um caso de alguém que decidiu virar fazendeiro. Aquele empresário cosmopolita – vamos chamá-lo de Dr. Alcides – que compra uma fazenda e resolve investir em gado. Não demora a dar com os burros n'água, se é que já tenha visto um burro ao vivo. Porque não sabe nem de que lado fica a cabeça da vaca. Se é que saiba o que é uma vaca. Nem vai à fazenda porque sua esposa, a Dra. Maitê, detesta cheiro de vaca. Ou de burro, tanto faz.

Depois de gastar uma fortuna, o Dr. Alcides admite que não nasceu para o mundo rural e precisa de ajuda. Aí contrata o seu Benedito, um experiente administrador de fazenda, que usa bolsinha de canivete no cinto, botina com sola de pneu e palito no canto da boca. Ao contrário da Dra. Maitê, a esposa do administrador, a dona Rosa, adora cheiro de vaca. Ela sabe fazer pamonha, daquelas que vêm na casca de milho costurada, e conhece a fase da lua quando as vacas resolvem parir. E até ajuda nos partos complicados.

A partir daí, é o seu Benedito, não o Dr. Alcides, quem vai tocar o gado. O Dr. Alcides entende de mercado financeiro, o seu Benedito entende de pasto. O Dr. Alcides controla as ações, o seu Benedito as vacinações. Cada um na sua. O negócio prospera. O Dr. Alcides troca seu Audi, o seu Benedito reforma a Brasília. Quem é o responsável pelo sucesso? Será o Benedito? Não apenas ele, mas a soma de seu conhecimento com a capacidade de negócios do Dr. Alcides. Este sabe como administrar a renda, mas é o seu Benedito quem cuida da fazenda.

Um belo dia o seu Benedito sente aquele friozinho na barriga. Teve um *insight* repentino. A dona Rosa acha que ficou louco. Mas ele insiste. Não quer mais ser empregado. Chega de ganhar dinheiro para os outros. Vai trabalhar por conta. Garante para a dona Rosa que vai ter *menas* preocupação. Explica para ela que tem gente *enricando* com uma tal de *romipeige* na Internet. Leu na revista. Assistiu na TV. É tudo muito fácil. Aí o seu Benedito pede a conta, vende a Brasília, vai morar numa garagem, investe tudo em um micro, faz um curso de programação e acaba lançando seu próprio site pecuário – *www.tocagado.com.br*. Aí a história se repete.

I HATE YOU

NÃO, EU NÃO ODEIO VOCÊ. A razão do título é simples. Você abriria um email chamado *"I Love You"*, depois de receber um zilhão de avisos sobre um vírus com este nome? É claro que não. Meus artigos são publicados em dezenas de sites, jornais e revistas, mas viajam também por email para alguns milhares de leitores. Não poderia ter o mesmo título do *"I Love You"*, um vírus que desiludiu tantos corações apaixonados e carentes de afeto. E deixou os computadores tão vazios quanto as recordações de um romance de verão.

Mas não se preocupe. Este texto está limpinho. Talvez até limpo demais para sua leitura valer a pena. Mesmo assim, vou arriscar. Sem cair na mesmice de falar dos prejuízos causados pelo vírus. Ou de seu criador, caçado pela polícia como alguém inteligente o suficiente para criar um vírus, mas estúpido a ponto de deixar nele nome e endereço. Mas é possível, porque tive um colega assim. Ele escrevia seu nome atrás das colas que preparava para as provas. Até a professora encontrar uma no chão da sala de aula.

O *"I Love You"* tinha todas as características de uma campanha de marketing campeã. Usava um veículo poderoso e de amplo alcance, o email, com um índice de eficácia maior que o da TV. Surpreso? Então tente imaginar milhares de pessoas recebendo uma mensagem única e pessoal. Cujo título faz com que executem uma ação para abrir a mensagem, outra para ler seu conteúdo, e mais uma, para abrir o arquivo anexado. Um efeito dificilmente conseguido pelo fulgor lúgubre de um comercial na TV, que em muitos lares funciona cada vez mais como abajur, e menos como mídia.

O título do email atraiu, conquistou e gerou uma ação. O sonho de qualquer marketeiro. E, uma vez aberto, a mensagem não deixou por menos. *"Kindly check the attached LOVE-LETTER coming from me"*. Irresistível! Alguém pedindo gentilmente para você abrir uma carta de amor anexada à mensagem! Quem não gostaria de receber uma carta de amor assim? Só que deste *clique* em diante o encanto era quebrado. Pior que a carruagem de Cinderela voltar a ser abóbora é você descobrir que o email se transformou em pepino. Para você resolver.

Apesar de seu aspecto destrutivo, que a mensagem entrou em sintonia com os anseios de seu *"cliente"*, isto ninguém pode negar. Chegou, ganhou sua confiança, criou interatividade e ainda conseguiu convencer o Outlook de seu micro contaminado a emprestar uma lista de endereços de email. E passou a se mandar para outras paragens às expensas de seu hospedeiro.

Uma boa campanha de marketing atrai, cativa, conquista e gera uma ação. E quando consegue usar cada pessoa *contaminada* como veículo e trampolim de disseminação, aí o sucesso é total. Como uma dona Maria que conta para todo o bairro que a camisa do marido ficou branquíssima com o novo sabão.

Mas marketing apenas não basta. O produto precisa ser bom. Se a cor original era azul, dona Maria vai contar para todo o bairro, mas com outras intenções.

O "I Love You" conseguiu fixar sua marca, ainda que às avessas. Todo mundo só falava nele. Até os fanáticos por teorias de conspiração começaram a sugerir que ele destruía arquivos de som e imagem porque teria sido criado por alguma empresa para combater a pirataria multimídia. Ou vinha do Bill Gates, para desacreditar a Internet atual e vender uma Internet mais segura junto com a próxima versão do Windows. Tinha gente botando a culpa até em quem investia em empresas de antivírus e sistemas de segurança, para inflar as ações.

Quando o impacto da onda "I Love You" atingiu o Brasil, fui procurado por um jornal querendo saber tudo sobre o vírus. E por uma emissora de TV, para gravar uma entrevista para o telejornal da noite. A repórter queria saber se eu já tinha recebido algum email com o título "I Love You". Nenhum. Meu filho sim. Talvez por ser mais jovem e simpático.

Mas estou preparado para o caso de um "I Love You" chegar à minha caixa postal. Esse não me pega. Sei que virá de alguém tentando me enganar. Seu destino é o lixo. Mas se, depois de você ter lido meu artigo, eu receber um email seu com o título "I Hate You", pode ter certeza de que vou abri-lo. Sei que está vindo de um leitor sincero.

A MIRAGEM DAS BOLSAS

GOSTO DE VISITAR LOJAS DE BOLSAS. Deve ser por causa do cheiro de coisa nova. São lojas confortáveis, pelo menos quando o gerente é homem. Porque ele entende as necessidades dos maridos, e instala poltronas confortáveis para os que ficarão um bom tempo ali esperando. E sonhando. Com todas aquelas bolsas, maridos têm tempo e motivo para sonhar.

Meus sonhos geralmente começam com as malas. Elas me fascinam. Olho para um jogo de malas e me imagino em um transatlântico com a proa apontando para a Europa. Ou encaixando aquela valise de mão no porta-bagagem de um jato rumo a Nova Iorque. Há também as carteiras, ocupando um bolso de meus sonhos. Novas e cheirosas. Repletas de cartões de crédito e dinheiro. Dólares, se forem importadas.

Mas é tudo falso. Se não quiser voltar à realidade, não abra as carteiras, bolsas, malas e valises em uma loja assim. Nas malas, que pareciam prontas para a viagem, você descobre que o inchaço é causado por papel de seda. Nas carteiras, os cartões de crédito são de papel e o dinheiro é impresso de um lado só. Pastas e valises não contêm contratos milionários. Só panfletos com fotos de esguios executivos, de peito e nariz empinados. Tudo bem diferente daquilo que sonhamos.

A miragem das bolsas atingiu muitos empreendedores do mundo virtual, onde tudo cheira a novo. Não é nenhuma surpresa descobrir que o recheio de muitos empreendimentos de Internet não passa de papel de seda. Ou cartões de crédito e dinheiro de brinquedo. Ninguém pode culpar a Internet. É a miragem da bolsa, o canto de sereia que debilitou o juízo até dos mais controlados. Daqueles que se esqueceram de que um grande negócio só acontece com muita criatividade, planejamento e suor. Só assim se consegue formar uma boa carteira de clientes e, eventualmente, ir parar na bolsa.

Tem muito empreendedor que só foi para a Internet por causa de um olho gordo na bolsa. Não a de valores, mas a do investidor. E na carteira. Não de clientes mas também do investidor. É aquele """empreendedor""" – de propósito, entre seis aspas – que cria uma casca para impressionar os donos do dinheiro e ganhar injeções de dólares. Tão ávido pelo dinheiro fácil que, se o investidor perguntar como o projeto vai dar dinheiro, precisa morder a língua para não dizer: *"Tirando de otários como você!"*.

Mas os investidores enxergaram isso. O que levou as ações das empresas *ponto-com* despencarem em queda livre. Alguém poderá até culpar a indústria papeleira. Incapaz de produzir papel de seda suficiente para encher tanta bolsa vazia.

Na hora em que os investidores pensaram em migrar seus investimentos para o *business-to-business*, foi uma correria. Da noite para o dia tinha muita empresa trocando a carteira de identidade. E com a cara mais lavada do mundo, dizendo que seu foco sempre foi *B2B*. Parecia que estávamos assistindo a um daqueles desenhos dos *Transformers*, tamanha a capacidade dessas empresas de trocar de camisa.

Mas não se transforma uma empresa qualquer de Internet em uma *B2B*. A natureza é diferente. As *B2B* operam nos bastidores, longe dos holofotes. Seu palco inclui o chão de fábrica. Entre seus atores encontramos pessoas acostumadas ao ambiente de produção, profissionais de suprimentos e planejamento. Negócios *business-to-business* não têm o glamour da carroçaria de uma Ferrari, mas têm a utilidade de um motor cheio de óleo escuro. Porque sem este, a máquina não anda.

Mas tudo isso não significa que os negócios na Internet tenham morrido. De modo nenhum. Eles têm vida longa. Grande parte de tudo o que será consumido no futuro passará pela Web. O que desaparece é o empreendedor oportunista, querendo parecer ser tudo para todos, como aquelas malas de múltiplas alças. Servem para segurar, para levar a tiracolo, para puxar ou empurrar. Empresas assim correm o risco de acabar como caixão sem alça. Nenhum investidor vai querer carregar.

Sanduíche tecnológico

Os americanos gostam de definir gerações. Assim fica mais fácil identificar mercados e vender, vender e vender. Por isso ouvimos falar tanto dos *"baby boomers"*, a garotada que nasceu e cresceu nos EUA nos tempos de prosperidade do pós-guerra, quando a programação da TV não era muito interessante. A geração que veio a seguir, nascida entre 1961 e 1980, costuma ser chamada de *"Geração X"*. Não me pergunte a razão. Talvez porque cresceram assistindo *"Arquivo X"*, ou comendo *X-Burger*.

Há hoje uma geração, que vem depois da "X". Você adivinhou, *"Geração Y"*. Trata-se da garotada que nasceu entre 1977 e 1997, a primeira geração na história que cresceu com a Internet. São crianças e jovens muito à vontade com a tecnologia. Que deixaram o chocalho para brincar com um *joystick* e sabem como fazer parar de piscar aquele "12:00" de seu videocassete.

O mercado começa a olhar para a *"Geração Y"* com grande interesse. Trata-se de um público com um poder de compra sem precedentes em outras épocas, e que tem na Internet a sua principal fonte de informação. Segundo pesquisa do *Round Table Group* feita no ano 2000, 84% dessa geração preferia a Internet à biblioteca para buscar informação. E cerca de 68% trocavam o jornal ou a TV pelo mesmo motivo. Se você somar a familiaridade com a Internet, mais um bolso tamanho "G" para consumir produtos e informação, vai descobrir que o "X" da questão é investir na *"Geração Y"*.

Montado o cenário, não precisa ser muito esperto para enxergar o potencial do *Pocket PC*, o *handheld* da Microsoft, HP, Casio e Symbol. Imagine levar no bolso uma tabuinha, do tamanho de um *mini-game*, com acesso à Internet, email, *chat*, música, games, tela colorida, reconhecimento de escrita e gravador embutido. Se você pertencer à *"Geração X"* – ou for de um modelo mais clássico como eu – vai gelar só de pensar no quanto o seu filho vai gastar com tanto poder nas mãos.

Embora seja a *"Geração Y"* que irá comer, em um prazo curtíssimo, a maior fatia do bolo do consumo, os efeitos colaterais dos dispositivos portáteis de acesso à Internet são impossíveis de se prever. Arrisco-me apenas a afirmar que isso irá causar uma revolução maior que a do telefone celular. Aliás, quando vejo empresas anunciando telefone celular com Internet, parece que estou vendo um cardápio em que alguém errou e escreveu: *"Fritas com Filé"*. Quero ter no bolso, não um celular com Internet, mas uma Internet com celular, rádio, TV, livro, jornal, revista, correio, fax e todos os filhos que só a mãe de todas as mídias poderia adotar.

Enquanto faço parte do grupo dos *"sem-Internet-móvel"*, continuarei sonhando com as possibilidades. Nem falo em agenda, endereços ou funções corriqueiras. Para alguém como eu, que adora ler, imagine a facilidade de ler livros em formato eletrônico. Ler ou ouvir. Porque os livros narrados, que já costumo escutar em fita cassete, começam a aparecer em formato digital. Imagine eu poder tomar notas em qualquer lugar onde surja uma ideia No meu caso, isso vai exigir um modelo impermeável ou com tela iluminada, já que meu cérebro funciona melhor no chuveiro e durante o sono.

Já estou planejando levar meu escritório inteiro em minha caminhada matinal. Para *workaholics* como eu, fazer caminhadas faz mal para o coração. Cria ansiedade, só de pensar nas tarefas que me esperam. Com uma pequena maravilha dessas, até passear vai virar um prazer para quem é viciado em trabalho. Já pensou poder ditar os compromissos para o gravador embutido, navegar na Web, ler os emails e até ouvir música? Quem vai querer voltar para o escritório com um negócio assim! E quem disse que vou conseguir caminhar?

Tanta coisa junta me faz lembrar o *X-Tudo* que eu costumava comer em uma padaria no centro de São Paulo. Além do habitual pão, queijo, hambúrguer, ovo e salada, o sanduíche trazia fatias de salame, pernil, lombo e um vinagrete de dar água na boca. Pausa para engolir a saliva. O *X-Tudo* era tão grande que causava cãibras no maxilar.

Se esse PC de bolso fizer tudo o que promete, deveria ter outro nome. Um nome adequado à *"Geração Y"*, a garotada que vai fazer acrobacias com o *Pocket PC*, enquanto eu, e outros de minha geração, estaremos procurando o botão de ligar. Portanto, fica aqui a minha sugestão para os novos dispositivos de Internet móvel. De olho no mercado emergente, eu chamaria esses sanduíches recheados de tecnologia de *"Y-Tudo"*.

Você já ouviu falar?

Na minha opinião, o primeiro veículo de comunicação foi o ser humano. Sim, a própria pessoa, cujas pernas eram responsáveis por vencer o espaço e transportar a informação, gerada entre as orelhas e transmitida pela boca. A informação não só vencia o espaço trotando, mas resistia à ação do tempo graças a um intricado conjunto de fatores que a transformava em tradição oral. A informação do *"ouvi dizer..."* e *"soube da última?"*.

Por funcionar em uma rede que dependia da memória e da boa vontade de seus depositários para passá-la adiante, a informação precisava apresentar algumas características. Precisava ser clara, para não dificultar a rapidez na retransmissão. E devia incutir credibilidade, levando na garupa uma boa dose de paixão para criar o clima de urgência necessário à ação. Um caxangá que até os escravos de Jó sabiam jogar.

A invenção da escrita, por si só, não tornou a informação mais ágil. Sempre foi difícil competir com o rastilho de pólvora criado pelo *"sabe o que me contaram?"*. Um político, quando abordado por alguém que queria lhe contar um segredo, negou-se a ouvir. *"Se você que é o dono do segredo não está conseguindo guardá-lo, eu também não vou conseguir"*, justificou.

A transformação da informação em ideogramas ou caracteres não a tornou mais móvel de início. O software ainda ficava residente no hardware, o que transformava o envio de uma carta de amor à namorada em uma tarefa para poucos. Os emails da época eram digitados em paredes de cavernas encravadas em montanhas cuja capacidade de manter-se teimosamente no mesmo lugar é conhecida até hoje. Pelo menos a informação já podia existir sem a presença de seu criador.

A tecnologia permitiu o passeio da informação, em peles de animais, tabletes de argila, papiros, até chegar no papel chinês. Era a mobilidade tão sonhada para transportar a informação ao redor do mundo. Caminha podia ficar no Brasil. Quem caminhava era sua carta. O princípio era o mesmo usado em lajes de pedra, mas a tecnologia já permitia um hardware mais portátil, ainda que restrito a alguns poucos escribas.

A grande revolução veio com a imprensa de tipos móveis, espalhando a informação como praga. Pelo menos era esta a opinião dos inquisidores, que não queriam perder os privilégios que só a ignorância coletiva permitia manter. A tecnologia causou uma evolução cada vez maior da mídia. Veio o telégrafo, uma versão melhorada do tambor das selvas, o telefone, o rádio e a TV. Porém até os meios chamados de comunicação de massa mantinham as massas em apenas uma ponta. Uma comunicação de mão única.

A Internet fez a informação recuperar as características que tinha no passado, quando o veículo era humano. Implantou pernas mais longas, uma voz mais potente e ouvidos mais sensíveis no homem do século 21. E permitiu que o gerador da informação voltasse a ser também seu próprio veículo. A informação foi humanizada. Hoje, quem conseguir divulgar sua mensagem de forma clara, rápida, confiável e apaixonada, terá sucesso. Porque desde o princípio estas foram as características essenciais de uma boa comunicação, seja ela de ideias ou produtos.

Se você estiver entre os poucos que ainda não dormiram com minha aula de história, irá entender como essa evolução pode ter um grande impacto na forma de pensar o marketing de sua empresa. Hoje, qualquer pessoa com acesso à tecnologia e à rede é um ser multimídia, capaz de interagir e publicar suas ideias A Internet restaurou o poder da comunicação do *"ouvi dizer"*, permitindo que sua mensagem seja multiplicada e retransmitida por cada pessoa que entre em contato com ela.

Usando a ferramenta certa e colocando em sua mensagem temperos essenciais – clareza, rapidez, credibilidade e paixão – você terá sucesso no marketing de rede. As pessoas não estarão vendo um pássaro, nem um avião, nem um super-homem, mas a forma de comunicação mais poderosa já inventada. Com um poder de propagação igual ao de um boato ou vírus de computador transmitido pela rede. Algo só conhecido no passado, quando não havia nada além da boca e ouvidos. O poder da comunicação pessoal. Ou você nunca ouviu falar?

PENSO, LOGO... EXISTO?

VOCÊ JÁ OUVIU FALAR do garoto que criou um site de milhões? Que garoto? Qualquer um. Garotos criativos todo mundo conhece. E tem um em casa. Ou gostaria de ter para contar aos amigos. Um garoto prodígio que cria um negócio de milhões é um excelente marketing. Quer ele exista ou não.

A figura humana dá personalidade ao produto. E cria um sentimento de proximidade. Lembro-me do primeiro Chevrolet Opala que chegou à minha cidade. Dentro da agência, abarrotada de curiosos, pediram a um jovem para manobrar o carro até o local de exposição. Naquele momento, quem cruzasse o olhar com o pai do garoto recebia, à queima-roupa, a frase: *"É meu filho!"* Peito estufado de orgulho e dedo apontando para o Opala vermelho.

"No futuro", escreveu Andy Warhol, *"todo mundo terá seus quinze minutos de fama"*. Acho que o lançamento do Opala em minha cidade não foi o marco inicial desse futuro que ele previu. Mas a Internet está sendo, ao permitir que trabalhos fantásticos sejam criados por garotos, com direito a muito mais que quinze minutos de fama. Ou até por marmanjos, vestidos

com pele de garoto, chapeuzinho vermelho, vovozinha ou o que for mais conveniente na hora de vender.

Qualquer marketeiro sabe que produtos e serviços precisam ter rosto e personalidade. Se não fosse assim, não existiria mercado para modelos. Às vezes é o próprio empresário quem empresta sua imagem ao produto. Paul Newman pisca para você em seu site NewmansOwn.com, numa ação de marketing que ele próprio chama de uma *descarada exploração visando o bem comum*. Seu rosto está em todas as páginas do site, vendendo pipocas, molhos, sucos e sorvetes. A empresa, sem fins lucrativos, já rendeu cem milhões de dólares para instituições de caridade, desde sua fundação em 1982.

A fórmula, que funciona para Paul Newman atraindo verba para obras de caridade, também funciona para outras empresas. Meu biscoito de polvilho predileto – e sou vidrado em biscoito doce de polvilho – tem no pacote a foto colorida do dono da empresa. Um senhor grisalho, de camisa branca e gravata, fazendo pose de executivo e dizendo: *Sou eu mesmo quem faz*. Precisa mais? Como não confiar no produto, se estou vendo a cara do dono bem ali no pacote. Ele dá a mão – ou o rosto – à palmatória, para o caso de o cliente encontrar falhas na qualidade.

A tecnologia permite que seres virtuais tenham seus rostos e corpos emprestados a campanhas de marketing. Lara Croft deixou de ser um personagem que estraçalha animais no game Tombraider, para estraçalhar corações como musa de uma nova geração de seres virtuais. Com menos músculos e mais charme, surgiu Webbie Tookay, a modelo virtual da Illusion2K, invejada pelas pretendentes às passarelas. Depois foi a vez de AnaNova narrar as principais notícias do dia em um telejornal virtual, seguida de cantores virtuais, como E-Cya.

Ser virtual não é privilégio de empresas e produtos, mas até de clientes. Você pode virar modelo digital para experimentar a roupa que estiver comprando no site da JC Penney. O sistema é da MyVirtualModel. Basta preencher um questionário com suas medidas e características físicas, para se enxergar na tela provando as roupas. A loja deve estar tendo problemas com devoluções, pois que mulher é sincera ao revelar suas medidas?

Para onde vão os modelos virtuais? Se na pré-história da interatividade alguns sites já mostram fotos e produtos com base nas informações de preferência coletadas em visitas anteriores, imagine juntar esta tecnologia aos seres virtuais. Bancos de informações de clientes serão como alcaguetes de uma nova era, revelando detalhes de sua vida para um sistema gerador de seres virtuais. Já pensou ligar o micro ou a TV, e sua mãe aparecer digitalizada na tela sugerindo que tome a vitamina "X"?

O Laboratório de Tecnologia Avançada da Sprint criou o Chase Walker, um personagem virtual para redes de alta capacidade. Muito parecido com um ser humano, com expressões faciais e voz, ele poderá responder a comandos de voz do usuário. Num futuro não muito distante, qualquer empresa poderá ter seu próprio modelo virtual. A complexidade da tecnologia da informação poderia ser humanizada ganhando um rosto. Para ficar mais real, ele poderia estar conectado a um programa capaz de discorrer sobre temas de interesse, desde e-business até assuntos mais amenos, como este artigo sobre os seres virtuais... Epa! Será...?! Não... tenho certeza absoluta de que sou real. Penso, logo existo. Ou não?

GISELDA VAI ÀS COMPRAS

GISELDA VAI ÀS COMPRAS. Mas desta vez não precisará sair de casa. Está conectada à Internet, usando o micro novinho em folha que o Aníbal instalou na penteadeira. No monitor, um mundo novo está prestes a surgir diante de seus olhos. No espelho da penteadeira, um rosto cansado sugere a primeira compra virtual: creme para rugas. Giselda está ansiosa. Quer ser *ponto-com*, como ordenam os *"reclames"* nos intervalos da novela. Ajeita o teclado apoiado sobre a gaveta aberta e começa a digitar. Para no terceiro "W" do endereço que viu na revista, só para examinar a unha descascada. Talvez também compre um esmalte.

Minutos depois surge o nome da empresa na tela. O espelho acusa uma sobrancelha direita ligeiramente franzida. Onde deveria haver uma loja, há um botão que diz: *"Clique para entrar"*. A ingênua Giselda pensava que era só entrar no endereço para estar dentro. Fica intrigada em precisar fazer algo para entrar onde já deveria ter entrado. Com o canto do olho Giselda vê uma nova ruga surgindo entre os olhos. De concentração. Precisa aprender a raciocinar como um designer, e não como um cliente. Obedece ao aviso e clica no botão para entrar.

Mas não entra. Surge nova mensagem. *"Flash"* ou *"Html"*? Uh?! Giselda sente o mesmo que sentiu quando foi com o Aníbal a um restaurante francês. Chama o marido. Se naquela ocasião ele conseguiu decifrar o cardápio, deve ser capaz de fazer o mesmo agora. *"Flash Gordon?"*, indaga Aníbal, observado pela Giselda no retrovisor gigante que a penteadeira oferece.

Ela decide brincar de *"minha mãe mandou clicar neste daqui"* e pede *"Flash"*. Um novo aviso, agora dizendo que deverá instalar um *"plugin"*. *"Plu-jin?"*, pronuncia errado Aníbal que nunca foi bom de inglês. Seu olhar encontra o de Giselda no espelho. Pensou que fosse assistir Flash Gordon, mas agora precisa descobrir o que é *"plugin"*. Ele conhece gim. Mas nunca tomou com *"plu"*. Só tônica.

"Complicada essa Internet. Deve ser por isso que designer ganha bem", raciocina ela. *"Pessoal criativo esse! Não é fácil inventar tantos obstáculos."* Começa um desenho animado e o maior som. E bota som nisso, porque Giselda esqueceu-se de diminuir o volume das caixas acústicas. Aníbal perde a animação para tentar acalmar o bebê, assustado com o barulho. A mão de Giselda molha o mouse. O bebê molha o Aníbal. Giselda clica onde pode e para o show multimídia.

Voltou ao ponto de partida. *"Flash ou Html?"*, pergunta o texto outra vez. Não quer arriscar o tal de Html. O Flash ela já conhece. Quem sabe que surpresa reserva o outro? Aníbal senta-se na beira da cama para assistir. Giselda aproveita para examinar o rosto no espelho. Ela pode jurar que novas rugas surgiram na última meia hora.

Giselda e Aníbal não acreditam quando finalmente a loja aparece na tela. Será algum truque? Deve ser, porque não há qualquer indicação da direção a tomar. Só fotos coloridas. Giselda demora a descobrir que deve passar o cursor sobre as imagens. Só assim os menus saem do esconderijo. Aníbal não consegue conter a indignação: *"Esses caras querem vender ou o quê?!"*

Giselda insiste. Passeia por páginas com rostos sorridentes que parecem zombar de sua ignorância. Agora hesita antes de clicar em cada opção que vê na tela. Será que vai demorar como a outra? O rosto está tenso e o espelho é prova disso. Nem uma argamassa de cremes iria conseguir tapar os sulcos que surgiram na testa úmida. Desiste do esmalte. Vai comprar só o creme para não sair de mouse abanando.

Surge o formulário de pedido. E o medo? A TV não falou que os *hackers* roubam cartões de crédito? *"Se algum moleque roubar meu cartão eu estrangulo!"*, pensa ela em voz alta, enquanto enterra a unha no botão do mouse para enviar o pedido.

Vinte e oito dias depois Giselda recebe o frete pelo qual pagou. Junto vem um pote de creme.

– *É a primeira vez que compra pela Internet?*, pergunta a vizinha curiosa.

– *Não... a última* – grunhe Giselda.

– *E aí?* – continua a outra. Giselda responde enquanto cheira o minúsculo pote que tem na mão:

– *O creme não compensa.*

Os sem-Internet

O RELATÓRIO DA ONU apontava um abismo tecnológico separando a América do Norte, Europa e Japão do resto do mundo. No ano 2000 penas 276 milhões de pessoas – ou menos de 5% da população mundial – estavam usando a Internet.

Bom ou ruim? Excelente! Péssimo! Mais de 95% da população é Sem-Internet. Não podem nem invadir sites alheios. Mas, estatísticas por estatísticas, eu diria que 99% das casas da Sibéria não têm ar condicionado. E um número igual de lares africanos padece com a falta de aquecimento central. E daí? Daí que 100% das estatísticas precisam andar de mãos dadas com outras informações para fazer sentido.

No caso da Internet – ao alcance de menos de 5% da população mundial – é preciso esclarecer que ter acesso a algo, e receber os benefícios disso, são coisas diferentes. O estudo limita-se a apontar que só essa magra fatia do bolo de seres humanos pode clicar em uma tela colorida. E destes, são poucos os que conseguem mover o mouse sem mover o corpo todo. Um problema mais de coordenação motora do que de adequação à sociedade da informação.

Praticamente todos os seres humanos são beneficiados pelo uso de navios e aviões, aos quais jamais tiveram acesso direto. O pão que comem ou o remédio que tomam viajou neles. O mesmo ocorre com os computadores pessoais, que pouca gente possui mas cujos benefícios são desfrutados por milhões. Nem que seja apenas para inventar uma desculpa.

Aconteceu comigo. Aguardando por alguém na minúscula sala de espera de uma distribuidora de revistas menor ainda, podia ouvir o dono da empresa atendendo, por telefone, a uma fila de assinantes irados. Tinham pago pela assinatura e nada de revista. *"Tivemos um problema com nossos computadores"*, justificava o homem, passando o palito de dentes para o outro canto da boca. Na sala, não se via nem uma régua de cálculos. Muito menos um computador.

Parecendo adivinhar que eu não aguentava mais não ter o que fazer, o homem resolveu sair para o café. Justo comigo, que detesto deixar um telefone tocar. E ele tocou. *"O responsável saiu..."*, comecei eu. Tirei o fone da orelha para evitar o cuspe de um cliente irado, que latia: *"Responsável uma ova!!! IRRESPONSÁVEL!!!"*

Medir a Internet apenas pelo número de pessoas que a utilizam diretamente é perder de vista o seu poder. A Internet é um tsunami a poucos quilômetros da praia. A onda, gerada por terremotos, viaja imperceptível por águas profundas, até ser obrigada a elevar-se vários metros em águas rasas. Então invade a terra e leva tudo o que encontra pela frente. Ainda não vimos o impacto da Internet na sociedade, além daquilo que é mostrado na TV. Mas seu próximo fogão deve chegar até você com os componentes enjoados de tanto viajar de Internet ao longo da cadeia de suprimentos.

Ainda que o nativo de uma aldeia africana não venha a possuir um computador, é provável que o email encontre guarida ali. Um sistema barato para correspondência, baseado em email, pode ser adotado por populações onde hoje falta até saliva para lamber o envelope. Quando existe envelope. Ou entregador corajoso, porque tem lugar onde nem o carteiro quer sê-lo. Onde leões não latem antes de morder.

É improvável que você encontre um coletor solar gerando energia elétrica em sua cidade. Mas há anos essas pequenas engenhocas enfeitam postes em lugares que os mapas não têm coragem de mostrar. Alimentam postos telefônicos avançados e estações repetidoras. Com a Internet acontecerá o mesmo. Nesses lugares a Internet vai permitir que informações da colheita ou do volume de ordenha sejam derramadas online nas cooperativas e entrepostos. E *no Rancho Fundo, bem pra lá do fim do mundo*", uma imprensa mais versátil e barata, já pode publicar as notícias três dias antes de chegar lá um jornal impresso de três dias antes.

É claro que tudo exige infra-estrutura. Mas para quem investe em Internet, é ótimo. Se você ainda acha que Internet é visitar um site *"cool"*, clicar em *banners*, bater papo, surfar e surfar, é melhor ficar esperto para não ser levado pela onda. Tsunamis afogam surfistas, mas não causam danos a quem enxergou longe. E se posicionou para crescer quando a praia estivesse limpa dos oportunistas.

Se na quebradeira ponto-com vai ter muita gente procurando onde foi parar a prancha que estava sob seus pés, o momento seguinte será de sedimentação. Passada a onda, que varre o que não tem alicerce, novas construções irão surgir, à prova de ondas. Para atender a essa demanda reprimida dos 95% de Sem-Internet do mundo, que estarão loucos para se comunicar com outras tribos. Nem que seja para dar uma desculpa: *"Uma girafa derrubou minha conexão"*.

MAIS VALE UM PÁSSARO NA MÃO

SER ORIGINAL. Algo que pouca gente está conseguindo na Web. Estamos vivendo uma fase em que muitos negócios não estão concorrendo ao prêmio de originalidade. Contentam-se com alguma menção honrosa de estereótipo de um site famoso. Se já nos acostumamos com os *covers* de cantores e bandas, chegou a hora de nos acostumarmos aos *webclones*, ovelhas Dolly idênticas e passivas, cantando todas em *"bé"* maior.

A diversidade de clones nos confunde, fazendo pensar que temos diversidade de fato. Não temos. Os padrões de clonagem são tantos que acabam parecendo originais. Na realidade, mudam as tatuagens, mas os tatuados permanecem os mesmos. E a intenção é sempre agradar os já agradados. Porque parece ser jogo ganho.

Quem está com *"aquele"* site na cabeça, lê isto e reage. Retruca que sua ideia é original. Um portal sobre blá, blá, blá, que irá atrair um *webilhão* de visitantes. Receita certa para atrair investidores, convencidos de que os patrocinadores disputarão no tapa espaço para pendurar seus *"reclames"*. Exatamente como acontece na TV. Seguindo a doutrina do *televisismo*, a grande maioria dos chamados *"grandes"* negócios de Internet não passa de barra de calça aguardando carrapicho.

Serra-se aqui, prega-se ali, cola-se acolá e pinta-se tudo com cores bonitinhas para esconder o papel mata-mosca. *"Faça seu site que eles virão"*, era a máxima utilizada pela primeira geração dos autoproclamados gurus da Web, e ainda obedecida por muitos. O *"eles virão"* entregava o jogo. Para eles, o importante era atrair gente. E vender banner. Mira-se em um milhão para acabar sem nenhum na mão.

Ficar parado olhando para cima atrai, em questão de minutos, uma congregação de seguidores. Todos igualmente mirando o nada. Se indagado, o guru da recém formada seita do torcicolo irá argumentar que está dando àquelas pessoas o que elas estavam procurando, uma direção para olhar. Ainda que seja para o inóspito vazio.

A fórmula da busca por audiência funciona na TV, onde o *"mostre o que o povo quer ver"* é a palavra de ordem. Tentar transplantar a mesma estratégia para a Web pode causar rejeição. No mundo televisivo temos meia dúzia de canais para entreter milhões de telespectadores passivos. Na Web temos milhões de participantes ativos em busca de interação com gente e informação. E cada um deles é um canal em potencial. Uma estação repetidora, se usarmos vocabulário de propagação de sinal de TV. Saber usar isso, e não querer atingir diretamente milhões de *webespectadores*, é o caminho seguro na rede.

Moral da história: na Internet ninguém consegue ser tão líder de audiência quanto na TV. Moral da história dois: Os investimentos em propaganda na rede nem sempre serão suficientes para patrocinar tanto quanto na TV, por estarem pulverizados em um universo de opções. Moral da história três: Pensar em atingir milhões é uma armadilha para o empreendedor Web. Seu foco deve estar no *um-a-um*. Para fazer com que o *um* alcançado seja o canal propagador no próximo *um-a-um* que ele próprio criar.

Como ninguém é de ferro, confesso que eu mesmo sou levado a me embriagar com o sonho de campeão de audiência. Em um de meus artigos ponderei que, pela tiragem conjunta dos sites, jornais e revistas que publicam meus artigos, eu estaria atingindo um número de leitores na casa dos seis dígitos. Minha esposa e filhos, fiéis membros da *"Brigada Familiar Anti-Orgulho"*, não deixaram por menos e aplicaram o antídoto. Segundo eles, minha popularidade estaria restrita aos passarinhos. Já que as páginas que publicam minha coluna acabariam servindo de forração de gaiolas. E minha foto, de lazer para os penados na hora do tiro ao alvo.

RECEITA PARA PEQUENAS FORTUNAS

SE VOCÊ QUER CRIAR uma pequena fortuna, a receita é simples. Pegue uma grande fortuna, sua ou de investidores, contrate uma equipe para produzir um site de Internet, e saia vendendo espaço para propaganda. Mas não deixe faltar marketing. Se quiser imitar os grandes, o investimento na divulgação de seu negócio virtual deve ser algo em torno de 625% da receita que você irá obter com a venda dos *banners*. Dê adeus mundo real. Seja bem-vindo ao mundo virtual.

Esta receita é infalível para se criar uma pequena fortuna. Da grande fortuna que você terá investido no início. Isto se sobrar algo daquilo que, em seus melhores dias, costumava fechar casas noturnas repletas de convidados. Não me deixam mentir as centenas de presuntos *ponto-com* que estão sendo desovados nas páginas dos noticiários econômicos. Seguidos por outros que estão sendo caçados pela realidade implacável das regras econômicas.

Albert Einstein não conhecia a Internet, quando disse que *"o único lugar onde o sucesso vem antes do trabalho é no dicionário"*. Ele viveu antes que as bolhas virtuais tentassem revogar esta máxima, criando a ilusão de que na Internet a festa nunca acaba. Mas acabou. Pelo menos para os que beberam demais.

Passado o delírio, e tiradas do salão as vítimas do excesso, é hora dos sóbrios começarem a se divertir. Empresas e investidores. Mas nenhum deles poderá negar que chegou a ser tentado por um trago a mais na hora do *"vira-vira-vira"*. Contiveram-se. Talvez tenham sido chamados de covardes, por terem evitado opções de alto risco. Ou miseráveis, por não estarem despejando pela goela da propaganda desenfreada a mesada de muitos pais.

No auge da volúpia em que se transformou essa falsamente chamada *"economia"*, confesso que cheguei a ficar em dúvida se o caminho que havíamos traçado para a empresa era a melhor opção. A tentação de empresas bem estabelecidas mergulharem nesse romance de verão, foi grande. Era fácil sentir inveja de empresas mais novas, sem qualquer estrutura ou serviço palpável, desfilando nas primeiras páginas dos jornais, vestidas de milhões.

Mas, deixar de lado a infra-estrutura de sistemas em que investíamos desde a era pré-Internet, teria sido loucura. Seria o mesmo que embarcar nos carros alegóricos dos sites cujo samba enredo era *gerar-tráfego-e-vender-banner*, acreditando que o carnaval iria durar. Seria abandonar nossa vocação inicial, que era de construtores de pontes. Sistemas que iriam ligar o mundo real ao virtual, para que empresas reais pudessem reduzir custos e aumentar seus lucros. Sem tirar os pés do chão.

Hoje, enquanto assistimos ao desmoronamento dos castelos de sonhos, respiramos aliviados. Sentimos pelos que tombaram numa guerra perdida. Mas descansamos na certeza de uma estratégia sensata. Se não demos atenção aos acenos dos negócios etéreos desse período de acomodação tectônica da rede, foi porque estávamos ocupados assentando os trilhos do modelo de empresa de Internet que deve prevalecer daqui para frente. De mãos dadas com o real.

Pelo menos é o que o mercado tem sinalizado, a julgar pelo número de empresas convencionais, nem um pouco carnavalescas, que vão engrossando nosso rol de clientes. Muitas delas cansadas e desiludidas com as miragens criadas por bem elaboradas peças de marketing, que conseguiam travestir o nada em lingotes de pirita para arrebanhar incautos.

Quem investiu muito no pouco ficou sem nada. Grandes fortunas viraram pequenas fortunas. Quem investiu o suficiente no muito, tem hoje os alicerces firmes para sustentar a revolução que nem começou. A hora é de valorização de empresas que já navegavam antes da onda, atravessaram a turbulência sem mudar de rumo, e seguem com todas as velas, dando adeus a um mundo apenas virtual. Seja bem-vindo ao mundo real.

WEB-PÊSAMES

SE VOCÊ É DAQUELAS PESSOAS que costumam babar lendo notícias trágicas, a ruína das empresas *ponto-com* deve ter sido um prato cheio. No auge da carnificina, era comum encontrar sites-cemitérios com listas de empresas falidas. Felizmente o sangue não jorrava do monitor. As empresas apareciam em fase terminal ou mortas. E expostas aos pontapés críticos dos visitantes. O slogan de um destes sites dizia: *"Kick'em while they're down"*. Uma tradução alternativa seria, *"desce a lenha porque essas não podem se defender"*.

Os sites que riem da desgraça alheia incluem em seu obituário empresas como *Reel.com*, site de cinema cuja sétima arte foi gastar 90 milhões de dólares em três anos. Ou a *Boo.com*, empresa que vendia roupas e torrou 120 milhões em apenas seis meses, ficando com uma mão na frente e outra atrás. A *ToyTime.com* saiu da brincadeira publicando em seu finado site uma patética mensagem de agradecimento aos investidores e clientes: *"Jamais teríamos conseguido sem a sua ajuda"*.

Quando mostrar milionários *ponto-com* atraía público, não faltava combustível para a imprensa. A sensação era de que havia sido revogado tudo o que tínhamos aprendido sobre economia, retorno de investimento, lucro e coisas semelhantes. Inaugurava-se uma era em que cachorros virtuais eram amarrados com linguiças reais. E não causava surpresa alguém como Stuart Skolman, fundador da *Reel.com*, declarar: *"Lucro? Você está brincando? Estamos funcionando em modo Amazon.com!"*.

Mas o mundo virtual caiu na real, e chegou a vez da imprensa anunciar a morte das outrora promissoras empresas virtuais. Uma carnificina que não poupou nem o site da *APB Online Inc.*, especializado em noticiar crimes hediondos. Segundo o noticiário, a empresa gastou 30 milhões de dólares até ser vendida por meros 575 mil. Definitivamente, o crime não compensa.

Mas nem todos saíram perdendo. Enquanto há vida, há esperança, e agora são os serviços de consultoria que estão ganhando, na tentativa de salvar empresas moribundas. É o caso de Jakob Nielsen, um especialista em usabilidade que, segundo o *The Guardian*, costumava cobrar dez mil dólares por dia para apontar falhas em sites. Com a epidemia de fracassos no auge, a demanda por serviços dessa natureza aumentou, e Nielsen passou a ser contratado pela bagatela de 20 mil dólares diários.

A morte de empresas nunca foi novidade. Diariamente milhares fecham suas portas, sem merecer uma linha sequer nas manchetes dos jornais. Apenas uma fração muito pequena das empresas, virtuais ou não, consegue chegar ao seu primeiro ano de vida. Ultrapassar os cinco anos já é uma façanha. E um nadinha dessa parcela consegue entrar para o clube das milionárias *ponto-sem* ou *ponto-com*.

O que causou sensação mesmo foi o volume de dinheiro envolvido na febre digital. Nunca se pagou tanto por tanta coisa nenhuma. Acabada a pujança irreal, grandes empresas continuarão sendo notícia quando nascerem ou morrerem. E pequenas empresas só voltarão a aparecer nas manchetes quando estiverem envolvidas nos escândalos das grandes empresas.

E. F. Schumacher escreveu em *"Small is Beautiful"*, um best-seller na década de setenta: *"Para seus diferentes propósitos, o homem necessita de várias estruturas diferentes, algumas pequenas, outras grandes... para o trabalho construtivo a meta é sempre buscar a restauração de algum tipo de equilíbrio. Hoje sofremos de uma idolatria quase universal do gigantismo. Portanto, é necessário insistir nas virtudes da pequenez, onde esta for aplicável.*

Muitas das grandes empresas que conhecemos hoje começaram pequenas. Por isso, apesar de tantas mortes virtuais, empreendimentos sérios continuarão sendo viáveis. Mesmo que não tenham tido chance de participar do breve *Show do Milhão* que a ilusória caixa de pandora *ponto-com* alardeou. É claro que precisarão ter mais do que um belo plano de negócios para sobreviver. Ou encontrarão o mesmo fim do site de decoração Living.com, cuja notícia da falência criou uma situação insólita: *"The Living.com is Dead".*

Esta e outras empresas morreram simplesmente porque jamais poderiam sobreviver lucrativas. Nem no mundo virtual, nem no convencional. Morreram por pensar que uma ideia inédita seria suficiente para se ganhar milhões. Se uma ideia inédita servir para alguma coisa, é provável que alguém ainda venha a explorar o constrangimento causado pela onda de mortes digitais, lançando um serviço de *Disk-WebFinados*. Você liga e ouve um minuto de silêncio.

A ROLETA ESTÁ RUÇA

O CASSINO FECHOU. A roleta parou. A bolinha sapeca já não atrai a ganância. Não se discute mais quem irá apagar a luz. Foi cortada por falta de pagamento. Não fizeram suas apostas, senhores? Então mixou a chance de ganhar e perder no mundo virtual. Para quem apostou às cegas, a roleta está ruça.

O oráculo da Oracle, Larry Ellison, vaticina o fim do cassino Web. Quem insistir no velho cassino da nova economia irá passar do pôquer para o buraco. *Sorry*, periferia, mas só ficam os grandes. No segundo plano das segundas intenções a música bem pode ser, *"liga pra mim, não liga pra eles..."* Porque as apostas continuam. Só que os melhores lances acontecem no golfe.

Microsoft, Intel, Cisco e Dell, a geração do PC, reinou numa bolsa para poucos. Antes das *ponto-com* de garagem lava-rápido. E bota rápido nisso! Quem lavou, lavou, quem não lavou, não lava mais. Hoje as apostas escorrem para a Oracle, Sun, EMC e Cisco. Mudam os *players*, mas a especulação permanece. A aposta agora é no computador do futuro. De *"personal computer"* para *"network computer"*. E gira a roleta. Da qual o cidadão comum só vê cotovelos.

Em que negócio investir? – ecoa a pergunta mais frequente hoje no Vale do Silicone, tradução ruim em revista tupiniquim. Criar sites de informação? Não. Grandes jornais e revistas ainda esperam sentados na boca de uma cornucópia de informação grátis sem saber de onde vão tirar. Investiram na mídia sem papel. Papel moeda.

Informação tem demais. Falta conhecimento. Tutano. Aquela sacada de mestre. O *Wall Street Journal* enxergou isso e já fatura. Vende informação oportuna para investidores abonados. Que compram para ganhar mais ou perder menos. Dê a um homem um peixe, e você mata sua fome. Ensine-o a pescar e você cria mercado para varas, anzóis, redes e motores de popa.

Conhecimento e comércio, é a dobradinha que funciona nas vendas virtuais. Lojas vazias proliferam na Web. Porque está mais fácil abrir uma loja virtual. E fechar também. Mas o verbo vender agora inclui ensinar, atender, empacotar e entregar. Nessa arena concorrem grandes e pequenos. Graças aos nichos ainda inexplorados.

Investir em nichos é não fazer o que já foi feito. Fazer o oposto daqueles que querem lançar um novo site de busca. Um serviço que ainda pode perder a razão de ser, quando cada micro conseguir xeretar com segurança o que há em cada outro micro na rede. Algo como um peer-to-peer de buscas.

Há quem ainda pensa em criar um portal. Para ser maior que o do slogan *"o maior conteúdo da Internet"*. Uma incoerência. Um conjunto menor não pode conter um maior. Não pode haver na Internet um conteúdo maior que a Internet. Ganha-se com a ignorância dos inexperientes. Mas, diz um provérbio russo, que você pode seguir em frente mentindo. Só não pode voltar.

Quando ouço falar em portal, penso nos velhos portões da escola onde fiz o primário. O prédio virou biblioteca e o espaço integrou-se com a praça. Permanecem os portões de ferro, fechados e equilibrados entre muros que já não existem. Aquilo que dava passagem, hoje a restringe. E desperta a curiosidade: *"Mãe, por que puseram um portão aqui se a gente pode entrar pelo lado?"*

Mas enquanto existir quem escolha provedor de acesso pelo jornal que este oferece, haverá clientes para portais. Que não sabem que há centenas de jornais escancarados por toda a Web. Talvez seja por isso que a famosa série de livros *"for Dummies"*, traduzidos aqui como *"para Leigos"* para amenizar a burrice, nunca tenha publicado *"Portals for Dummies"*. Seria redundância.

Mas não se desespere. Não acredito que tenha acabado sua chance de lucrar na Web. O que acabou foi o cassino. O jogo com dados com meia dúzia de seis. Quando Serra Pelada acabou, não foi o fim do negócio do ouro. Ele continua, com menos riscos, mas não menos rico. Já na Serra Virtual, pelado ficou o investidor que apostou e não viu a cor do ouro. Só resta se consolar com o sorriso do pupilo investido. Amarelo.

MÚSICAS, LIVROS E FIGURINHAS

QUASE CINCO BILHÕES DE DÓLARES. Segundo o Forrester, é o que as gravadoras e editoras deixariam de ganhar em 2005. Graças à Internet. Sob outro prisma, seria o que os consumidores deixariam de gastar. Graças à Internet. Isto se o poder da distribuição da produção artística tiver trocado de mãos e criar um mercado redistribuído. Segundo o estudo, um bolo que seria redistribuído entre músicos, autores e empresas que prestarem serviços a estes.

Hoje uma parte do trabalho das gravadoras e editoras é fazer o público saber que a obra existe. Outra é fazer a obra chegar ao público. Publicidade e distribuição são coisas que a Internet permite que os próprios autores façam a um custo infinitamente menor. Daí o desespero de quem estava acostumado ao poder.

Depois que o Napster ensinou a trocar música como quem troca figurinhas, o consumidor gostou do novo modelo. *"Os consumidores deram sua opinião"*, escreve Eric Sheirer, analista do Forrester. *"Nem segurança digital, nem ações legais irão mudar isso"*. O problema não está no Napster, uma mera amostra do que a tecnologia é capaz. Nem no público de olhos e ouvidos atentos. Mas no modelo de distribuição da produção intelectual que prevaleceu até aqui.

Até ontem a tecnologia permitia às gravadoras e editoras ocupar o trono. Autores e artistas dependiam do beneplácito desses mecenas, detentores da tecnologia de produção e canais de distribuição. Agora o cetro tecnológico caiu no colo do criador. Sob os aplausos do respeitável público.

Quem já está com o pé na estrada e não quer perder o poder é capaz de qualquer coisa para manter as coisas como estão. Só que já não estão. Quem ainda não percebeu que nada será como antes, irá ver a máquina parar quando acabar a inércia que lhe garante uma sobrevida. Enquanto não acontece, a turma da transição vai lucrando.

Desenvolvedores de sistemas para bloqueio de cópias, por exemplo, contratados por gravadoras e editoras inconformadas. Porém não irão resolver o problema. A indústria do software tentou isso nos anos oitenta. Acabou decidindo tirar a proteção dos programas quando viu que a saída era oferecer mais que um código executável para permanecer no mercado. O diferencial ficou por conta do suporte e serviços agregando valor ao intangível.

Advogados também lucram no ocaso do sistema, contratados pelas corporações para encarcerar a população do planeta. Tomando o cuidado de não processar seus próprios filhos. Porque todos temos um pirata em casa, geralmente menor de quinze anos e sem perna de pau. Só cara.

Todavia o período de caça às bruxas pode durar ainda um pouco e servir para desviar a atenção da verdadeira intenção. Se o Napster podia ser identificado como o vilão da troca de músicas, seus sucessores já aprenderam como agir sem deixar vestígios. O pirata ensinou o papagaio a cuidar da transação.

Além das músicas e livros, logo teremos o problema dos filmes, quando sobrar banda larga. E questões legais a serem resolvidas, envolvendo armazenamento de informações, já que o computador e a rede estão virando uma extensão do cérebro. Há trinta anos um professor me obrigou a cometer um ato de pirataria. Gravei em meu cérebro trechos dos Lusíadas, que conservo até hoje. *"As armas e os barões assinalados, que da Ocidental praia Lusitana, por mares nunca dantes navegados, passaram ainda além da Taprobana"*. Nem por isso fui processado por Camões. Ou descobri onde ficava Taprobana.

Enquanto gravadoras e editoras constroem tranqueiras, bloqueios e aríetes legais, autores e empreendedores vão criando o novo modelo de negócio para distribuição da propriedade intelectual. Porque esta não deixará de existir, ainda que precise tomar uma nova forma, ou ser incorporada a serviços ou bens tangíveis para sobreviver.

O problema é que música e literatura são diferentes de software. Ninguém precisa de suporte técnico para ouvir música ou ler um livro. Resolver esta questão pode ser o próximo Eldorado de artistas, escritores e desenvolvedores de sistemas web, que criam a interface com o público. Pois artistas continuarão criando, autores escrevendo e pessoas consumindo. Às gravadoras e editoras resta tentar descobrir como se adaptar ao novo modelo. E aceitar a admoestação de Mark Twain: *"Todo mundo fica reclamando do mau tempo, mas ninguém faz nada para resolver o problema."*

FÉRIAS FRUSTRADAS NA INTERNET

ERA PARA SER PURA DIVERSÃO. Entretenimento. Satisfação a cada clique. A única frustração ficava por conta do modem, da velocidade de conexão, ou das linhas ocupadas. Nada que não pudesse ser resolvido pela tecnologia. Surfar, visitar, comprar. Férias de verdade. Desligar-se do mundo real e viajar pelo virtual. Apertando só os cintos do cartão de crédito.

Era tudo isso que a Web prometia. Todavia, para muitos as férias virtuais acabaram frustradas. O museu estava fechado. O site era complicado. Você pagou e a compra não chegou. Ou nem comprou, e a loja debitou. Começamos a sentir os efeitos do mau atendimento na rede. Desvirtuaram o virtual.

Frustração é um perigo para a empresa hoje. Porque na rede o cliente tem poder. Adquiri um *ebook* de uma empresa americana, que continuou debitando 17 dólares de meu cartão nos três meses após a compra. Não conseguia a devolução. Fiquei frustrado. Frustração transformada em um email para uma lista de discussão de negócios nos EUA. Que virou um tema acompanhado pelas 16 mil pessoas, de 70 países, que participavam da lista. Para o desespero da editora, que acabou devolvendo meu dinheiro.

Um cliente frustrado pode ser um pesadelo para qualquer negócio na Web. Seu poder de comunicação pode ser maior que o de muitas emissoras de TV. Porque emails, correntes e todos os tipos de mensagem continuam correndo a Internet anos depois de geradas. Ou você nunca recebeu a corrente da menininha doente?

Apesar de todo o poder do email, é incrível que as empresas explorem tão pouco esta ferramenta. Quando o fazem, é para algum tipo de *spam* ou propaganda inoportuna. Mas no atendimento ao cliente muitas ficam a dever. Como revelam as pesquisas feitas pelo *Yankee Group*, *Gartner Group*, *Rainier Communications* e *Forrester Research*.

Por ocasião da pesquisa, vinte e três das cem maiores empresas dos Estados Unidos não podiam ser acessadas via email a partir de seus web sites. Apenas 30% das empresas pesquisadas respondiam emails em 24 horas. E um bom número delas usavam *autoresponders*, serviços de resposta automática. Sem qualquer envolvimento humano.

Devem ter se acostumado com o que já faziam por telefone. Atendimentos automáticos repetindo com voz de lata, *"Vendas, disque 2"*, *"Compras, disque 3"*, *"Reclamações..."*. A cada número, a árvore de possibilidades vai se desdobrando. Se você tomar o caminho errado, precisará desligar e discar de novo. Se conseguir linha. O telefone não tem tecla *"Voltar"*.

Pela sua própria natureza, os negócios na Web já pecam pela falta do elemento humano. Daí a necessidade de carregar no relacionamento por email ou *chat*. As mesmas pesquisas revelaram que dois terços dos compradores em sites de *e-commerce* interrompem o processo da compra por falta de ajuda humana. E os 50 maiores sites de *e-commerce* receberam notas baixas quando o assunto foi o relacionamento com o cliente.

Um email não respondido pode destruir a confiança que você demorou para construir. Um cliente sem resposta é um cliente ofendido. Você mostrou que não se interessa pelo problema dele. Se a primeira impressão é a que fica, no atendimento ficam todas elas. Principalmente a última.

Algumas empresas esperam o circo pegar fogo antes de dar uma satisfação ao cliente. Preferem investir em uma boa brigada contra incêndio para resolver frustrações. Acham mais barato indenizar alguns que chegam às vias de fato, do que investir em um procedimento do tipo ombro amigo.

Por mais automatizado que seja um processo, existe sempre um ponto onde a presença humana – real ou virtual – é indispensável. É preciso responder sempre. Se usar um *autoresponder*, que seja apenas para dizer que a mensagem foi recebida e que um ser humano em carne e osso estará retornando. Robôs não servem para relacionamentos duradouros. Só para perdidos no espaço.

Ninguém de sã consciência instalaria um sistema de resposta automática no interfone de sua casa, como se faz com o telefone da empresa. Porque na vida *"civil"*, acreditamos que relacionamentos acontecem entre pessoas. Alguém precisa atender a porta. Por isso se chama atendimento. Imagine alguém tocar a campainha de sua casa e o interfone responder:

"Pedido de esmolas, tecle 1", "Venda de rifas, tecle 2", "Pesquisa do Censo, tenho três filhos, uma geladeira, duas caixas d'água...".

Sua empresa pombo-com

O JOVEM EMPRESÁRIO estava empolgado com minha palestra. Queria a todo custo levar sua empresa para a Internet. Em minha mente, apertei o botão que levaria nossa conversa ao departamento *"Comprando e vendendo na Web"*. Mas não pude descer naquele andar. Seu nível de compreensão estava em outro. Queria minha opinião sobre um curso de informática que oferecia grátis uma homepage!

Embarquei em direção ao andar *"Criando seu website"*, mas a porta nem abriu. Agora ele ponderava que mesmo que tivesse um site, seria impossível visitá-lo, já que não tinha acesso à Internet. Desci no térreo, sugerindo que assinasse um provedor de acesso. E ele, gritando do subsolo, prometeu fazê-lo. Assim que comprasse um computador decente.

Ali estava eu, diante de um pequeno fabricante de peças para bicicletas, cujo departamento de tecnologia da informação resumia-se a um velho micro 486. Abaixo de todas as expectativas. No porão da contramão da inovação. Se continuar assim, dificilmente terá pedal para permanecer no mercado. Mas é inegável que, neste momento de transição, ele não está sozinho. Tem mais gente no subsolo.

Uma pesquisa feita pela *UCLA Internet Project* em pleno ano 2000 revelava que um terço dos norte-americanos ainda não tinha acesso à Internet. E apenas metade já havia comprado na Web. Todavia, os usuários de Internet são os que apresentam um nível financeiro e cultural mais elevado. Gastam e pensam mais em rede. Talvez por isso nos EUA a publicidade do novo Volvo S60 sedan tenha sido exclusivamente via Web.

Aqueles números já mudaram, pois a popularização da Internet é crescente e irreversível. E ainda que muitos ainda hoje não tenham acesso direto à rede, é provável que os produtos que consomem já passaram por ela em sua rota ao longo da cadeia produtiva. Mas, numa fase de transição, empresas que fornecem serviços de Internet precisam criar rampas de acesso para quem tropeça nos degraus.

Imagine você criando um site para intermediar transações de cotação, compra e venda entre pequenos varejistas e atacadistas. Sua preocupação inicial será descobrir se mercearias, bares e mercadinhos têm acesso à Internet, certo? Errado. Poupe sua pesquisa. Eles ainda não têm. Sua preocupação será atender essa clientela. No patamar financeiro, tecnológico e cultural em que se encontram.

Prepare-se para descer de seu pedestal *ponto-com* para atender temporariamente um cliente *fax-com*. Ou *telefone-com*. Quem sabe até *correio-com*. Use a ferramenta Web como um diferencial seu, mas não faça dela o foco do seu negócio. Este deve estar concentrado no cliente, o Benedito do boteco, ou o Manoel do mercadinho. Enquanto eles não embarcam no elevador tecnológico, adapte-se a eles. Se quiser estar no negócio quando eles conseguirem se adaptar a você.

Talvez você chegue ao extremo de transformar sua empresa numa *pombo-com*. Ainda que seja por pouco tempo. Uma empresa que se sujeita a usar até pombos-correio como meio de comunicação, se valer a pena conquistar algum cliente columbófilo. Console-se por não precisar chegar a *tambor-com* e da *fumaça-com*, hoje ambientalmente incorretas.

Em um momento de transição, sua *pombo-com* pode voar mais alto e pousar onde seu cliente está. Com empatia, para não dizer pena. Respeitando sua dificuldade de comunicação. Fechando o bico quando ele abrir. E abrindo, quando ele fechar. Mas resolvendo seu problema. À altura de sua compreensão, de sua cultura, de sua percepção. Apenas evite tentar vender ao cliente a expressão *ponto-com*. Com o fracasso das bolhas virtuais, ela está mais suja que pau de galinheiro. Ou de pombal.

A embriaguez *internetílica* embota nossos sentidos. Nos faz esquecer que correio, telefone e fax ainda estão no dia-a-dia de muitas empresas. Prejudicando sua eficiência, é claro. Algumas até entram na Internet mas insistem em manter seus métodos arcaicos. Entraram no automóvel sem fechar o guarda-chuva. Adotaram o novo sem abrir mão do velho.

Como uma senhora que conheci, a quem foi recomendado que comesse açúcar mascavo, além de pão e arroz integrais, se quisesse emagrecer.

– *Estou comendo tudo o que receitou e continuo engordando* – reclamou ela ao guru nutricionista.

– *Impossível!* – contestou ele. – *A substituição do alimento refinado pelo integral faz perder peso.*

– *Era para substituir?* – perguntou ela admirada.

Spam - A pá de cal do marketing

Recebi um spam. *"Propaganda não solicitada enviada por email"*, pela definição mais simplista. Ele invadiu minha privacidade. Entulhou minha caixa de emails. Ofereceu algo que não me interessa, que nunca quis e jamais precisei. Nem vou comprar.

Não me interprete mal. Não pertenço a nenhuma seita *Internetista*, lutando pela pureza acadêmica da Web. Também já fiz meu *spamzinho* no passado. Há alguns anos, quando descobri a Internet. Quando o email prometia muito mais do que mera publicidade. Na abertura da novela da Globo, até as bailarinas chegavam pelo email. E ninguém reclamava.

Naquela época eu enviava mensagens a endereços que encontrava na rede. Mas logo percebi que aquilo cheirava a marginalidade. E fui procurar formas mais inteligentes de marketing, o que toda empresa séria deveria fazer. Antes que sua marca vá para a lixeira, onde guardo as mensagens de *spam* que recebo.

Concordo que há muito chilique em torno da privacidade na Web. Gente que se arrepia só de ver seu sacro endereço de email violado. Mas *spam* é algo tão antigo quanto a venda de cadastro. Se não fosse, como a propaganda impressa chegaria até mim? Empresas de marketing direto despejam a papelada pelo Correio, tentando parecer que me conhecem pessoalmente. Ontem recebi um envelope endereçado ao *"Amario Persona"*.

Se na Internet é politicamente correto publicar declarações de respeito à privacidade, fora dela a prostituição cadastral corre solta. E dá-lhe propaganda não solicitada. Aliás, a expressão *"não solicitada"* é muito vaga. De todos os telefonemas de empresas que recebo, não me lembro de ter solicitado algum. E quando solicito, nem ligam.

Se você assina uma revista, tem cartão de crédito ou compra por crediário, seu endereço está na sarjeta. Disponível em qualquer ponto de tráfico de cadastros. Jornais e revistas impressos não sobrevivem apenas com a venda de assinaturas, exemplares de banca e espaço publicitário. A inserção de panfletos e a venda de cadastro ajudam a engordar a receita. Como costumam dizer, o papel aceita tudo.

Na Web, a mídia impressa não se deu tão bem. Ninguém comprou o papel virtual, a propaganda não pegou e os puristas fizeram piquete contra a venda dos endereços de email. Resta vender o pedaço físico do cadastro, o endereço postal. Sem que as sociedades de proteção ao meio-ambiente virtual percebam. Será que existem jornais e revistas fazendo isso? *"Yo no creo en brujas, pero que las hay, las hay"*.

Mas o que isso tudo tem a ver com sua empresa? Explico. Quando as coisas vão mal, investe-se em marketing. Quem já não viu grandes campanhas que nada mais eram do que a visita da saúde? Quando as empresas começam a afundar, agarram-se a qualquer coisa. E o *spam* é a boia mais grátis que existe. Furada, mas barata. Um último recurso. A ideia por trás disso é que, se o barco tiver que afundar, que não seja por falta de apito.

É fácil arranjar um CD com milhões de endereços de email. Propaganda a custo zero e criatividade menor que isso. Por ser tão fácil, o *spam* é a alegria dos vigaristas. Dos negócios do tipo *"fique rico já"*. Quem promete riqueza fácil não irá querer usar um meio difícil. *Spam* virou ferramenta de marketing da marginalidade. E pode ser a pá de cal para sepultar de vez a reputação de sua empresa. Não importa qual seja a sua mensagem. A impressão que deixará é que você vende bilhete premiado.

Há maneiras melhores de se anunciar na Internet. Fazer com que as pessoas solicitem sua propaganda é uma delas. Propaganda solicitada existe há muito tempo. Só não tinha o nome bonito de *"permission marketing"*. Quando criança, eu não deixava um gibi intacto. Recortava e enviava todos os cupons que encontrava. Cursos de desenho artístico, montagem de rádio ou cultura física. Até propaganda de cursos de corte e costura eu colecionava. Só que estes cupons eu preenchia com o nome de minha irmã. Para preservar minha privacidade.

WEB-BACILOS VIVOS

BACTÉRIAS. CEM TRILHÕES DELAS. É o que habita em seu intestino. *Lactobacilos, Bifidobactérias, Estreptococos, Escherichia coli* e até *Salmonelas*, se você comeu a maionese no casamento. Uma imensa fauna que curiosamente leva o nome de flora. Com uma capacidade incrível de se multiplicar e espalhar. Sem precisar jogar no ventilador.

Algumas ajudam, outras atrapalham, mas sem elas a vida seria uma prisão de ventre. É que essa comunidade ajuda na *supply chain* que o mantém vivo, produzindo, transformando e transportando nutrientes. Que são absorvidos *just-in-time* pelas vilosidades que recobrem as paredes de seu intestino. Uma área com duzentos metros quadrados, quase uma quadra de tênis. O esporte preferido dos brasileiros.

A Internet tem muito do que você encontra em seu intestino. Refiro-me ao conceito de proliferação bacteriana, caso esteja com outra coisa na cabeça. Cada habitante dessa flora internetal é um *web-bacilo* vivo, ativo, fecundo e proficiente. Uma fantástica colônia. Saber criar as condições para ela se desenvolver é o segredo do marketing de todos os marketings.

Certa vez ganhei de um amigo uma gosmenta placa de bactérias. Boiando na água açucarada de um vidro de boca larga, a placa crescia pelas beiradas, até a parede de vidro. Aí parava e começava a criar uma nova placa sob a primeira, que eu colocava em um novo vidro até minha cozinha ficar parecendo uma fábrica de compotas. O crescimento só ocorria onde houvesse espaço para proliferar.

Eu e minha esposa apelidamos aquela meleca de *"O Monstro"*. Meu amigo dizia que faria bem à saúde beber a água, depois de transformada em um líquido frisante. Ele dizia que tinha gosto de cerveja. Eu dizia que meu amigo tinha muita imaginação.

Continuo criando bactérias, mas não em vidros. Na Internet. Procuro agrupar *web-bacilos* vivos em um ambiente que permita sua proliferação. Na rede, a sobrevivência das empresas também depende da capacidade de espalhar seu gene e implantar suas características naqueles com quem têm contato. Criando os esporos de uma colônia maior, que se desdobre em novas colônias.

Por ser formada por cérebros, o alimento que faz crescer a colônia de *web-bacilos* vivos é o conhecimento gerado pela própria colônia, a partir das informações trocadas entre seus membros. Este conhecimento imprime um diferencial comum a todos os participantes. Algo que não se consegue obter artificialmente, mas que brota apenas onde as condições forem propícias.

Daí a importância de se manter o ambiente ideal para que os *web-bacilos* vivam felizes e sintam o desejo de espalhar as vantagens que já têm experimentado. Quanto mais disseminam e fortalecem sua colônia, mais disseminam e fortalecem suas próprias empresas. A empresa agrega valor à colônia ou comunidade que, por sua vez, agrega valor à empresa. Uma ação colaborativa.

Todavia, um problema cultural pode inibir esta ação colaborativa. A maioria das empresas descende de uma economia extrativista. Predatória por natureza. São como *salmonelas*, consumindo os recursos e deixando em seu rastro uma diarreia de dejetos que contaminam e matam seu próprio meio-ambiente hospedeiro.

Algumas já descobriram que colaborar é vital para a sobrevivência da própria economia em que estão inseridas. Característica essencial a qualquer empresa em rede. Colaborativa por natureza, promotora do bem comum da colônia em que está inserida.

Como no mundo dos micro-organismos, não é fácil barrar a trajetória de um *web-bacilo* vivo em seu instintivo esforço de disseminação. Sua sobrevivência depende de conquistar novos mercados e deixar aí sua marca. É transpondo barreiras que ele amplia sua rede de relacionamentos, numa verdadeira infestação bacteriana. Que me faz lembrar o que ocorreu com um amigo que trabalhava numa multinacional de alimentos infantis.

Após uma concorrência para a seleção de fornecedores de macarrão para sopinhas para bebês, o proprietário de um pastifício ligou para meu amigo. Queria saber por que sua empresa havia sido rejeitada. *"Encontramos muitas bactérias nas amostras de macarrão que enviou"*, justificou meu amigo. *"Impossível!"* bradou o gajo do outro lado da linha. *"Toda a farinha que utilizamos é peneirada!"*

UMA ODISSEIA NA TERRA

EM 1968 ERA LANÇADO O FILME *"2001, Uma Odisseia no Espaço"*. Nas primeiras cenas uma figura simiesca lança um osso para o alto, símbolo da gênese tecnológica. Na ficção, o osso sobe rodopiando ao espaço e vira um satélite em órbita da Terra. Na vida real, teria caído na cabeça do imprevidente peludo. Nocauteado no primeiro round do confronto homem-máquina.

Na evolução do sonolento enredo, só mais tarde encontramos o ser humano lutando com o tecnológico. Preso do lado de fora da nave por HAL, um computador cujo nome é formado pelas letras que precedem IBM no alfabeto. E quer dominar o mundo.

As previsões do filme erraram feio. Cheguei a 2001 sem me vestir igual aos Jetsons. E meu burro notebook não é capaz de sugerir um tema mais original para este artigo, que inaugura o terceiro milênio. O centésimo que você já leu usando o filme de Stanley Kubrick como muleta.

Felizmente meu notebook nunca quis me dominar ou impedir que eu o desligasse. O Windows já cuida de travá-lo periodicamente. Mas enquanto escrevo, homens e máquinas duelam em um centro de pesquisas da IBM em Yorktown, nos Estados Unidos. Não pela conquista do mundo, mas para ver quem é mais eficiente nas compras em leilões online.

Cientistas apostam que sistemas poderão rastrear a rede, achar fornecedores, pechinchar e fechar negócios automaticamente. Desde o reabastecimento de sua geladeira, até a compra de toneladas de aço poderiam ser feitos por robôs. Enquanto compradores e vendedores usariam o tempo livre para procurar outro emprego.

Mas não é tão simples substituir o humano. O próprio Dr. Steve R. White, responsável pela pesquisa, admite que os computadores são muito mais rápidos que as pessoas, mas também muito mais burros. Na sua atuação mais simples em leilões simulados, os robôs conseguiram uma vantagem de 5% em performance, comparados com seus colegas de carne e ossos.

O problema começa quando a negociação exige talento, o que as máquinas não têm. Negociação envolve relacionamento, algo tão complexo quanto o ser humano. E aí a tecnologia deve nos ajudar, não nos dominar. Deve potencializar o talento, não substituí-lo. *"Ciência é tudo o que entendemos o suficiente para explicar a um computador; o resto é arte"*, escreveu David Knuth.

A capacidade real da empresa está nas pessoas, não nas máquinas. Você se lembra de quando computadores eram caros e programadores baratos? A história hoje é outra. Até o marketing descobriu que a melhor mídia não é feita de tinta sobre papel, de ondas de rádio ou TV, mas de carne e ossos. Pessoas são os melhores fixadores e propagadores de uma marca. Constrói-se uma marca construindo-se uma comunidade de aficionados, não um logotipo.

A Internet tem demonstrado isso. São as pessoas que divulgam, fazem associações e contaminam o ser humano. Usuários satisfeitos sentem-se donos da marca, cúmplices de seu sucesso. E usam a tecnologia para potencializar sua disseminação. Casos de paixão como Linux, Palm, Napster ou ICQ comprovam isto.

Para impregnar pessoas que têm sangue nas veias, a marca deve transmitir paixão. Novelas e romances fazem sucesso porque exploram o relacionamento humano. O povo quer circo. Acrescente paixão humana a uma marca e terá o que o povo quer. E se o seu produto for consistente como pão, você será o César de seu mercado.

Se a tecnologia é o osso do hominídeo de *"Odisseia no Espaço"*, o interesse humano hoje está na carne. No músculo que balança o osso. Nem sempre a vida irá querer imitar a arte da ficção. Seja ela no velho *"Odisseia no Espaço"* ou no moderno *"Matrix"*, onde o herói Neo ainda precisa atender ao telefone.

Em *"2001"*, uma cena de trinta segundos mostra HAL vencendo o astronauta Frank Poole no xadrez. Para mostrar, de leve, a supremacia sobre o humano no mais antigo e complexo jogo de raciocínio. Não me intimida nem um pouco. Se eu não conseguir vencer meu notebook no xadrez, escolho outro esporte. Boxe.

GISELDA II - O RETORNO

GISELDA VOLTOU. Há seis meses eu a mandei embora. Tudo o que fiz foi apontar para a saída com meu indicador. E ela se foi. Sem palavras, sem despedidas. Não sei por onde andou. Nem com quem andou, ou o que fez enquanto esteve longe. Seis meses se passaram, e ela voltou. Parece a mesma, exceto pelas filhas que teve. Cópias exatas. Nem sei quantas gerou! Não esperava que voltasse. Mas deixei que entrasse. Em minha caixa de emails.

Não imaginava o poder latente que havia naquela mulher de classe-média e meia-idade. Quem quer que tenha inventado a frase *"There never was a woman like Gilda"*, não conheceu Giselda. E sua capacidade de seduzir leitores, desde que a publiquei como a crônica *"Giselda Vai às Compras"**, enviada para alguns milhares de assinantes de WideBiz Week.

Na crônica, Giselda tenta adquirir um pote de creme facial pela Internet. Usando o micro comprado à prestação e acomodado na penteadeira, ela luta com sites complicados de se navegar, enquanto o bebê chora e o marido Aníbal resmunga. Sua experiência foi acompanhada pelos milhares leitores de quase uma centena de sites, jornais e revistas que publicaram a crônica na semana de seu lançamento.

Passada a temporada oficial, Giselda entrou no circuito alternativo. Transformada em email por alguém, infiltrou-se nas redes internas de empresas, fóruns e listas de discussão. Em cada caixa postal encontrava alguém que a encorajava a prosseguir. Como um *"spam benigno"*, aquele email que você envia para seus trezentos amigos. Ou inimigos, se já tiver lido uma de minhas crônicas.

Giselda voltou para minha caixa postal, encaminhada por uma jornalista que a encontrou no banco dos réus de uma lista de discussões por email, frequentada por web designers. Uma análise crítica do design de sites de Internet, Giselda passou ali por maus e bons bocados. Espancada por uns, louvada por outros, foi objeto de discussão e repercussão entre os participantes daquele fórum. De onde partiu, sabe lá para quantas outras caixas postais dessa Internet sem porteiras.

Mal Giselda chegou até mim, e eu já recebia um email de um dos participantes daquele fórum, pedindo permissão para publicar Giselda em seu site. Mais um, dentre dezenas de sites na Web onde Giselda conquistou um teto permanente para ser visitada por muitos.

Alguns chamam isto de *"marketing viral"*. Prefiro *"marketing de contágio"*. Porque contágio lembra contato, e serve para o que é benigno. Como riso, paixão, bom-humor, boas-novas ou amor. Giselda representa o que é contagiante, que cativa e agrega algo às pessoas.

Será que existe uma forma de propaganda que permaneça por tanto tempo a custo zero? Que disponha de um batalhão de simpatizantes dispostos a fazer o trabalho de panfletagem, passando a mensagem adiante? Que não pare de circular, como prazerosa corrente? Que continue viva e ativa, após o jornal ter ido para o açougue, e a revista ter desaparecido da mesinha da cabeleireira?

Giselda é puro marketing de contágio. Fala de coisas que as pessoas gostam de falar. Desperta paixões que as pessoas gostam de ter. Atrai, porque gente se interessa por gente. É viva e humana como personagem de novela. Tem marido burrão, filho que chora na pior hora, amiga xereta, e micro na penteadeira improvisada de escritório. Porque mora em uma casa que não é de revista.

"Storyteller" é uma expressão comum em inglês. O *"contador de histórias"*, tradução que infelizmente soa como mentiroso em nossa língua. Mas contar histórias envolventes ainda é a melhor forma de marketing. E se cair na boca do povo, aí ninguém segura. É contagiante. É marketing de contágio.

Enquanto muitos procuram por novas formas de marketing, a mais antiga delas – contar histórias – continua com o vigor de sempre. Há um bom tempo minhas crônicas têm servido de *"Giseldas marketeiras"*. Por onde passam, levam o nome da empresa. Mas para esse contágio funcionar, é preciso transparência. Conquistar a confiança de quem publica e de quem lê. Deixar claro os meios e os fins. Para jamais decepcioná-los com um final inesperado.

Péssimo hábito, por sinal, de Stephen King, escritor de novelas de terror, quando brinca com as pessoas que o cercam: *"Tenho um coração de criança"*, diz ele candidamente. *"Em um vidro, sobre minha escrivaninha"*, completa o escritor.

Laços de negócios

Demanda nasceu saudável, na Santa Casa da Liberdade Econômica. Era pequena, pois eram dias de poucas expectativas, mas logo ganhou peso. Sua quietude inicial levou o pediatra a pensar que Demanda estava reprimida. De seu berço, ouviu os comentários do médico e ensaiou sua primeira frase: "Reprimida é a mãe!".

E realmente, constatou-se que a mãe, dona Livre Iniciativa, trazia sequelas de seu primeiro casamento. Uma paixão inconsequente da juventude, seu ex-marido, Protecionismo, era muito religioso. Um radical, da seita intervencionista. Apesar de militar ambidestro, preferia ser reservista de mercado, a combater na guerra dos preços. Era formado em Demagogia na capital da Checoslováquia. Daí o carinhoso apelido que ganhou de Livre Iniciativa: "Praga".

Mas Livre Iniciativa conseguiu se redimir dos erros dos passado. Casou-se com Mercado e desta união nasceu a pequena Demanda. Estimulada pela saudável vizinha, dona Concorrência, Demanda começou a crescer. Mais ainda após o médico receitar uma dieta rica em alimentos trans-mundiais, livres de anti-globalizantes.

Demanda exigia demais da velha Produção, a cozinheira. Para atendê-la, decidiu modernizar a cozinha. As exigências da Demanda chegavam à Produção por um link de Internet. Outro levava os pedidos ao leiteiro, padeiro e verdureiro, seus fornecedores de confiança. Além das copeiras ERP e SCM, Produção contratou SRM, apelido do jovem Supplier Relationship Management. Ao contrário de seu antigo patrão, ela não se preocupava com anglicanismos. O que importava era a saúde da família.

O eficiente SRM ajudou a Produção a estreitar seus laços de negócios. Ao invés de qualidade duvidosa, ou entrega desastrosa, riscos que corria ao comprar de fornecedores eventuais, Produção preferia confiar nos vínculos seguros desenvolvidos pelo SRM. Este não apenas ajudava a gerenciar a capacidade de seus fornecedores, mas até a dos fornecedores destes.

Com as informações de Demanda e as capacidades de fornecimento chegando o tempo todo, e sendo integradas às próprias capacidades e restrições da Produção, era possível planejar. Desde a receita da papinha, até as quantidades a serem produzidas. A velha Produção já não precisava confiar na sorte. Ela gerenciava sua própria sorte.

Produção começou a enxergar as coisas com outros olhos. Estimular na Demanda um apetite de mil bocas poderia ser fatal para o fogão, que só tinha quatro. Trocá-lo, exigiria investimentos que comprometeriam o orçamento familiar. Algo parecido ela sentiu na própria pele, quando recebeu um aumento de salário e passou a ganhar menos. Caíra em outra faixa do imposto de renda, e foi obrigada a deixar um bife a mais para o Leão.

Ela descobriu também que não adiantava criar na Demanda o desejo por sopa de mandioca, quando o fornecedor só tinha batata. Qual nutricionista experiente, Produção passou a administrar todas as variáveis. E a colocar seu foco cada vez mais no desenvolvimento de novas receitas e na gestão dos processos e do relacionamento com seus fornecedores. Até a cozinha foi terceirizada.

Rejuvenescida pelo sucesso, Produção casou-se com o rico e charmoso Investidor, que viu nela a companhia ideal para realizar seus sonhos. Ela havia criado, com os fornecedores, uma rede colaborativa tão eficiente, que chegou a demolir a despensa. Já não precisava mais manter estoques. E podia desfilar na sociedade com o novo nome dado pelo marido: Lucratividade.

A ex-cozinheira agora tinha tempo para assistir a alegre Demanda crescer. Ou discutir com Livre Iniciativa e Mercado a expansão da família. É certo que a mão que balançava o berço era a do Mercado. Poderosa, mas invisível de tão sutil. Mas Lucratividade não se preocupava nem um pouco com isso. Com as informações que tinha de Mercado, jamais teria surpresas desagradáveis.

A nova vida fez Lucratividade mudar. Enquanto a Demanda crescia, Lucratividade engordava. Regime, só o que havia feito nos processos da casa. Quanto a si mesma, nem pensar. Investidor não gostava das magras. Se havia algo que o deixava feliz, era poder abraçar uma Lucratividade cada vez maior.

NEXO SEGURO

MEU PAI NÃO DEIXAVA de transformar algo corriqueiro em um bom "causo". Contava, com aromas e sabores, a história da compra de um pernil. O funcionário do açougue gentilmente respondeu que tinha pernil dos bons, e foi logo afiando a faca. Interrompido pela bronca do açougueiro.

– *Pára de dizer que tem! Se continuar vendendo, o pernil vai acabar!* – Meu pai não entendeu.

Ao ler a manchete na Gazeta Mercantil, *"Estoque dita ritmo da publicidade"*, lembrei-me da história do pernil. Segundo o jornal, a GM teria interrompido a campanha publicitária do Celta por não conseguir atender a demanda. A Gradiente teria feito o mesmo com seu DVD, cuja procura foi maior que a produção. E a Semp Toshiba só anunciou sua TV de 43 polegadas para esvaziar o estoque. Para desespero das agências de publicidade, cujos negócios dependem dos humores da indústria.

Se o título fosse *"Estoque dita ritmo da demanda"*, teria mostrado a realidade da maioria das empresas. *"Se continuar vendendo vai acabar!"*, é o berro da indústria atropelada pela demanda. Algo imperdoável em plena era da Internet, quando é possível integrar todos os participantes de uma cadeia produtiva para produzir conforme a demanda.

O modelo todo está errado. O estoque querendo guiar a demanda. O lema é, fabricar, estocar e desovar. Fazendo marketing para dilatar a goela do mercado. Quando deveria identificar o apetite da demanda, estimular as glândulas produtivas da indústria e espalhar o aroma de seu forno. Auxiliado por uma gestão afinada do relacionamento com fornecedores e planejamento colaborativo. Vender para produzir, não produzir para vender.

O *business-to-business* prometia transformar isso em realidade. A imprensa trombeteava as perspectivas de um saboroso futuro para os provedores de soluções. Que correram a oferecer a roupa nova ao rei. Todo mundo virou B2B para ficar bonito ao quadrado na nova economia. Até quem fornecia email entre empresas foi chamado de B2B. Deturpando o mercado e as estatísticas.

Portais B2B tiveram seus quinze minutos de fama. *Marketplaces* abertos, pregavam a liberdade das relações em amplos leitos de amores. Todo mundo ia com todo mundo, para comprar e vender. Nada de nexo seguro, o vínculo que garante fidelidade. Ficou a impressão de libertinagem comercial, uma devassidão que poderia comprometer os negócios. E a imprensa voltou a se ocupar com os portais B2B que fechavam. Joga pedra na Geni.

Embora adequado para commodities, o marketplace aberto não é pãozinho para todos recheios. Cotações, compras, vendas e leilões em mercados amplos, gerais e irrestritos podem não servir para materiais utilizados na produção. Responsáveis por 80% do dinheiro gasto pela indústria e cujo abastecimento é crítico na fluidez da linha.

Para evitar amores de verão em ambientes propícios à promiscuidade comercial, as empresas buscaram *marketplaces* privados. Esvaziaram os portais, fugindo de aventureiros queimando estoques. Ou de modelos de cobrança por porcentagem sobre a transação, geradores de efeito cascata nos custos dos materiais. Para a gestão segura do ciclo de produção, preferiram uma relação de fidelidade com número limitado de parceiros. Em uma plataforma confortável, que abrigasse suas comunidades de negócios. Alcova familiar para relações seguras.

Mostrar que isso era possível, foi o que tranquilizou o diretor de uma multinacional, cuja fábrica brasileira adotou nossa solução de *marketplace* privado. *"Qual a porcentagem que cobram por transação?"*, perguntou à queima-roupa. Expliquei que não participávamos da transação. Fornecíamos a plataforma tecnológica que garantia uma relação de privacidade entre ele e seus fornecedores habituais. *"É o que procuro"*, respondeu. *"Não quero sócios se alimentando de nossas compras"*.

Nem meu pai queria, quando conseguiu comprar seu pernil e o deixou para assar em uma pequena padaria. Ao voltar, não encontrou ninguém no balcão. Seguiu o aroma do assado até o forno aberto, de onde sobressaía a nádega crocante do enrubescido pernil. Tendo ao seu lado o padeiro, pãozinho aberto numa mão e faca afiada na outra. Olhando arregalado para meu pai e desejando nunca ter nascido. Mais rápido do que o *The Flash*, fez sumir a faca e o pão. E meu pai nunca se perdoou por não ter oferecido ao padeiro uma fatia da saborosa iguaria.

CRISE DE IDENTIDADE

A NOTÍCIA PUBLICADA na página de esportes deu um susto. Não nos torcedores do Corinthians, mas nos profissionais de Internet. A dispensa de um treinador mostrou como muitos enxergam a Internet. *"Não somos uma empresa da Internet"*, declarou o vice-presidente do clube. *"Somos um clube e necessitamos de resultados positivos"*.

A Internet ganhou uma imagem de criança rica. Que nem imagina de onde sai o dinheiro que tem para gastar. Isso ocorreu graças à quebradeira das *"pontocom"*, seguida por demissões nas que restaram. E como desgraça pouca é bobagem, a retranca da notícia de recessão da economia norte-americana vem bater no sul-americano Brasil, fechando indústrias e demitindo mais gente.

Mas os investidores estrangeiros já consideram o Brasil um dos favoritos dentre os mercados emergentes. Enquanto isso, a Internet passa por uma correção em sua identidade, retornando ao que sempre deveria ter sido. Para atender um mercado que vê na Internet um meio, não um fim. Uma ferramenta, não um videogame.

Para que você comprou seu primeiro micro? Seja sincero. A desculpa que deu à esposa, *"para ajudar na educação das crianças"*, não serve. Confesse. Você comprou por causa dos games. Foram madrugadas inteiras tentando salvar a mocinha, vencer a corrida, destruir as naves inimigas. Enquanto seu filho dormia. E sua viúva também.

A moda passou e você parou de usar um micro para jogar. Veio a Web, e a criança em você acordou. Outra vez a desculpa foi *"para ajudar na educação das crianças"*. Mas enquanto seu filho e sua viúva dormiam, você navegou. A moda passou, e agora você tem o micro, a Internet e uma crise ensaiando no horizonte. Quando todo mundo precisará economizar. O que cria mercado para soluções de otimização de processos, de empresas, do próprio trabalho.

As empresas vão precisar fazer mais com menos. Menos recursos, menos gastos com comunicação, menos gente. Discursos sociais do tipo *"as máquinas vão causar desemprego"* podem parecer bonitos, mas a realidade é nua e crua. Sobrevive quem reduz custos e aumenta a produtividade. Para quem não aceita mudanças, eficiência continua sendo palavrão.

Se você for marketeiro, seu mercado crescerá, dentro e fora da rede. Não para a propaganda dos desgastados *banners*, mas para o uso da ferramenta em ações estratégicas para valorizar a marca. Mais produtivas do que simplesmente *"bannear"* páginas web. A Internet ajuda a construir a marca que sustenta a imagem da empresa. Que é o que permanece e ajuda a manter mercado em tempos de crise.

Na escassez, as empresas enxugam seus quadros. Quem fica, procura se reciclar estudando. E quem sai também. O que cria demanda para o ensino à distância voltado para o aperfeiçoamento profissional. Mas leia-se aqui educação que acrescenta recheio ao profissional. Em uma economia de guerra, o que se busca é competência. Não basta ter um *MBA*. É preciso ser um.

As relações de trabalho também mudam. O teletrabalho ajuda empresas de cinto apertado a trabalhar sem a gordura de empregados pendurados. Um trabalhador virtual economiza gasolina, tempo e encargos sociais. Oportunidade para quem sabe se locomover na rede, na busca e execução de serviços.

Empresas virtualizadas são mais econômicas, precisam de menos espaço, compram e vendem com maior eficiência, atingem mercados onde fisicamente não estão. Sabem gerenciar suas cadeias de suprimentos. Transformar estoques tangíveis em informações intangíveis. Reduzir o *time-to-market*, agilizar a entrega, economizar, otimizar e lucrar. Alguém precisa continuar construindo a plataforma onde isso acontece. É este o mercado para profissionais de Internet.

Mas é inegável que a onda das bolhas ponto-com tenha danificado a imagem da Internet. Um dano difícil de ser reparado. Como o banheiro de um rico empresário, cliente de um arquiteto que conheci. Azulejos antigos e raros, pintados à mão, foram importados de Portugal especialmente para o banheiro da mansão. Apesar do empresário brigar com o azulejista, este terminou seu trabalho. Mas cuidou para que não sobrasse um azulejo sequer para reposição.

Meses depois, quando o empresário ocupou pela primeira vez o trono de seu majestoso banheiro, lembrou-se imediatamente do azulejista. De propósito, bem na parede diante da privada, estava assentado um único azulejo de cabeça para baixo. Enquanto isso, em algum lugar da cidade, o azulejista celebrava sua vingança.

ESPERE QUE ESTÁ SUBINDO UM PIANO

NÃO SEI QUEM INVENTOU as expressões de Internet. *Download* e *upload* são duas delas. Significam fazer descer os dados até seu micro, e fazer subir seus dados até algum outro computador na rede. A rigor, os dados não sobem nem descem. Só trafegam pela rede. Portanto não adianta colocar seu micro no chão. O *download* não ficará mais rápido.

Talvez *"down"* expresse nosso estado de espírito, enquanto aguardamos o demorado *"load"* da página. Se dependesse de mim, o *download* se chamaria *upload*. Como a Terra é redonda, e a gente sempre acha que está no topo do mundo, todos os outros computadores acabam ficando abaixo de nós. A demora fica por conta do esforço que os dados fazem para subir até nós. Um problema que não existia no passado, quando a Terra era plana.

Como não acredito que você tenha acreditado em minha explicação, vamos voltar à realidade. O tempo que leva para aparecer algo na tela de seu computador depende de seu micro, do modem, da linha telefônica, da fiação nos postes, do provedor e de fatores semelhantes na outra ponta. Há ainda causas de lentidão não explicadas. Por exemplo, as páginas Web demoram mais para aparecer quando sua mãe está ao seu lado esperando para poder usar o telefone.

O telefone! Quase ia me esquecendo dele. Quem tem Internet em casa não tem telefone. É ilusão dar o número para os outros. Está sempre ocupado. Lembro-me de quando estava na rua e precisei ligar para casa. Vinte e um insucessos seguidos. Acabei entrando em uma escola de línguas, pedi licença para usar a Internet e enviei um email para meu filho: *"Sai da Internet que preciso falar com sua mãe"*. Depois liguei.

Felizmente já dá para acelerar a Internet. Quem tem a minha idade não pode mais se dar ao luxo de perder tempo. Por isso decidi pelo cabo. Não o da Boa Esperança, que devo dobrar em breve. Refiro-me à Internet a cabo. Ao cabo de poucas semanas, minha TV a cabo vira também Internet a cabo. Assim dou cabo do problema e levo a cabo um plano antigo de acabar com a linha ocupada. De forma cabal.

Outros fatores me levaram a decidir. Num cálculo rápido vi que o custo se equiparava. O que vou pagar a mais com a Internet a cabo vou pagar a menos com a conta telefônica. Na empresa tenho Internet 24 horas. Mas costumo voltar para casa antes disso. É aí que sinto a diferença. Embora todos exaltem o aumento da velocidade, acho que o mais importante está na mudança de comportamento. Não precisar conectar para estar conectado.

Quando escrevo minhas crônicas, uso a Internet exaustivamente para pesquisar. Na dúvida entre escrever, por exemplo, *"universidade"* e *"univercidade"*, grafia que recebi no email de um *"univercitário"*, lanço as palavras em um site de busca. A que tiver o maior número de ocorrências ganha. Segundo um amigo, o método não é confiável. Se fosse, deveríamos comer fezes. Cem trilhões de moscas não podem estar erradas.

Não vou sentir saudade do ruído do modem. Nem do dedilhar no tampo da escrivaninha, enquanto esperava uma página carregar. Talvez eu sinta saudade do silêncio do telefone. Porque sempre é chato navegar com o telefone tocando e alguém querendo conversar. Se for o caso, eu tiro do gancho. Aí se alguém ligar para mim, só vai conseguir linha se for engano.

Fazer *download* de um arquivo não será mais como esperar subir um piano. Como aconteceu com um amigo no ônibus. O motorista, impaciente, ameaçava deixar o ponto quando o cobrador gritou: *"Espere que está subindo um piano"*. Todos riram da senhora, que tentava embarcar todas as curvas de seu corpanzil. Calmamente, ela se aproximou do cobrador e anunciou: *"Agora o piano vai tocar"*. E o ônibus seguiu ao som das gargalhadas. Enquanto o cobrador tentava esconder a marca dos cinco dedos gordos que enfeitavam seu rosto.

INVESTIDOR É A MÃE

A VOZ NO TELEFONE era de uma repórter americana. Escrevia sobre o mercado brasileiro de soluções para *supply chain* e ouviu falar de nossa empresa. Ficou surpresa ao descobrir que muitos de nossos clientes são multinacionais, com fábricas no Brasil fazendo a gestão da cadeia de suprimentos via Web antes mesmo das matrizes no primeiro mundo. Filhas que surpreendem as mães.

Só para contrariar o Moraes Moreira, eu diria que *"o Tio Sam não está querendo conhecer só a nossa batucada"*. Se *"chegou a hora dessa gente bronzeada mostrar seu valor"*, não é só para desfilar na avenida. Carmem Miranda pode ter sido sinônimo de Brasil, mas hoje cabeça de brasileiro não é vista no exterior como cesta de frutas. Nossas cabeças são respeitadas. Headhunters não vêm atrás de bananas.

Os investidores que vêm do frio descobrem que existe mercado do lado de baixo do Equador. A revista *The Industry Standard* elegeu Campinas, no interior de São Paulo, como uma das cinco melhores regiões do mundo para novos negócios. E a *Wired Magazine*, como um dos melhores polos de tecnologia da informação, uma espécie de *"Brazilian Silicon Valley"*. Traduzido como *"Vale do Silicone"* por maus tradutores ou para reforçar a ideia de pujança.

Após o fracasso das ponto-com no hemisfério norte, os investidores ficaram como mães de luto. Seios cheios, precisam encontrar filhos para amamentar. Um provérbio chinês diz que *"só existe uma criança bonita no mundo, e toda mãe a possui"*. E investidores com peito para investir parecem ter encontrado no Brasil essa criança. Depois de tanto tempo deitados em berço esplêndido, finalmente alguém nos ouviu cantar. *"Mamãe eu quero mamar"*.

A repórter soltou uma gargalhava ao telefone. Mas não ria do Brasil. Divertia-se com os apelidos que adotamos para nosso sistema. *"Empresa Mãe"*, para a empresa geradora de informações de compra e venda, trocadas através da Internet. *"Empresa Filha"*, para fornecedores e clientes que se relacionam com a *"Mãe"*. A repórter não esperava essa abordagem maternal para uma estratégia de valorização da *supply chain*.

Mas não é diferente o relacionamento do investidor estrangeiro com o empreendedor. Amamenta porque deseja ver a criança crescer, trabalhar e retornar o investimento. No relacionamento mãe-filha entre empresas acontece o mesmo. Quanto mais a indústria amamenta suas filhas na cadeia de suprimentos, mais leite tem. E a prole cresce contente.

Não faz mal se o título da matéria escrita pela americana pareça um enigma. *"ASP in Brazil: Widesoft Creates Mother and Child"*. Ela usou a sigla de *Application Service Provider* para indicar que o software é disponibilizado como serviço via Web. E usou também um genérico *"child"* para identificar as *"filhas"*. Empresas que sorvem a informação gerada no seio da gestão materna.

A ideia é que a *"empresa-mãe"* otimize o fluxo de seu leite para a *"filha crescer"*. E esta também se transforme numa *"mãe"*, amamentando suas *"filhas"* com informação. O mesmo relacionamento saudável encontrado entre investidores e empresas incubadas. Alguém poderá argumentar que neste caso é diferente, porque o leite é dinheiro. E informação não é?

Investidor é a mãe. Que toma a iniciativa porque sabe que irá lucrar no final. Num concurso de frases que vi na Web prometendo um CD, a pergunta era, *"O que você faria para mudar o mundo?"*. Digitei *"Começaria por mim"*. Enquanto escrevo ouvindo o CD que ganhei, lanço a pergunta: *"O que você faria para fazer seu parceiro de negócios crescer?"* Empresas que já usam sutiã saberão responder.

Na medida certa

Comprei uma esteira. Dessas para caminhar, correr, suar e planejar o que fazer com a roupa que vou perder junto com a gordura. No primeiro dia a família disputou no cotovelo uma chance de caminhar. Passada a novidade, a esteira ficou menos rolante. Se fosse menor eu a guardaria na gaveta. Junto com aquele descascador de legumes comprado do camelô.

Descobri que esteiras domésticas exigem demais dos músculos da vontade. Porque caminhar virou uma forma de se exibir. Repare que toda cidade tem um lugar onde um monte de gente só vai queimar gordura se outro monte de gente estiver queimando gordura ali.

Geralmente quanto mais velho o andante, mais novo o tênis. Comprar o tênis é a parte mais fácil, quando chegamos naquela idade em que nos mandam passear. Aí descobrimos que precisamos cada vez menos tempo para cansar e mais tempo para descansar. Como Mark Twain, que dizia que quando sentia vontade de fazer exercícios, deitava-se até a vontade passar.

Pessoas gostam de andar em manadas porque a esteira re-clusa causa tédio. Senti isso caminhando para lugar nenhum em minha solitária lavanderia. Olhando para um horizonte de azulejos que nem sequer eram azuis. A solução foi botar um fone de ouvido e caminhar ao som de Carol King cantando *"I Feel the Earth Moving Under my Feet"*.

Mas se quiser mesmo sentir que o mundo está se movendo sob seus pés, desça da esteira na velocidade máxima. A sensação será idêntica à da freada das empresas que não caminhavam em sincronismo com o mundo real.

Michael Bloomberg disse não acreditar que exista uma nova economia. Segundo ele, o que temos são novas ferramentas para a economia que sempre existiu. Parece que a *"information highway"* é isso mesmo, uma rede de informação. Não o shopping center cercado de *play-grounds* que se tentou criar.

A Internet não mudou. Apenas está voltando a ser o que sempre foi. Informação e relacionamentos. Ao contrário da mídia impressa, não é uma mídia de exposição estática. E ao contrário da TV, não é um canal de entretenimento. Na informação está sua origem e vocação.

Quem ficou deslumbrado com o néon dos sites na Web não percebeu onde acontecia a verdadeira revolução. Como a causada pelo enxuto email, que passou a carta a limpo e restaurou o poder da comunicação individual escrita.

Sistemas de busca também causaram sua dose de impacto. Só eles próprios não perceberam isso. A pressa de faturar fez com que inchassem com atividades paralelas. Enquanto o Yahoo amargava as consequências, o Altavista dava uma de filho pródigo, voltando à homepage com design de 1995. Se foi tarde, é cedo para julgar.

Outra atividade que a Internet revolucionou foi a leitura. Nunca se leu tanto. Na Internet caiu por terra o axioma de que uma imagem vale por mil palavras. Testes revelaram que nossos olhos buscam primeiro as mil palavras na tela. A imagem vem depois.

Como aprendemos a ler fazendo a varredura do texto, surgiu um novo estilo de escrita, mais pontual e enxuto. Textos viraram listas de tópicos semeados em parágrafos. Como este que você lê aqui. Resumido. Breve. Só.

Se quiser lucrar com a Web, não espere dela resultados rápidos. Use-a na medida certa. Regimes de uma semana só servem para perder sete dias. Use-a para criar e explorar a informação e os relacionamentos. Que irão gerar negócios, dentro ou fora do ambiente Web. Daí a importância da Internet como ferramenta de marketing.

Fazer marketing na rede inclui criar relacionamentos com formadores de opinião que potencializem o valor de seu produto. E principalmente acreditar naquilo que se tem para vender. Se não falar bem de seu produto, jamais conseguirá vendê-lo. A minha esteira, por exemplo, é fantástica.

Mario Persona é palestrante, professor e consultor de estratégias de comunicação e marketing e autor dos livros *"Dia de Mudança"* (também em inglês como *"Moving ON"*), *"Marketing de Gente"*, *"Marketing Tutti-Frutti"*, *"Gestão de Mudanças em Tempos de Oportunidades"*, *"Receitas de Grandes Negócios"*, *"Crônicas de uma Internet de verão"* e *"Sua Empresa na Internet"* (ebook).

Participou com porções de sua autoria nas obras *"Gigantes das Vendas"* (Venda Mais), *"Educação 2007 - As mais importantes tendências na visão dos mais importantes educadores"* e *"Professor S.A"* (Humana Editorial), *"Coleção Aprendiz Legal"* (Fundação Roberto Marinho).

Mario Persona convidado com frequência para palestras, workshops e treinamentos de temas ligados a negócios, marketing, comunicação, vendas e desenvolvimento pessoal e profissional.

Seus artigos, ideias e temas de suas palestras podem ser encontrados em seu site www.mariopersona.com.br

Gostou deste livro? Entre em contato com o autor:

Mario Persona

contato@mariopersona.com.br